河南省重点学科论丛
HENANSHENG ZHONGDIAN XUEKE LUNCONG

幼儿教育费用分担研究

宋妍萍 著

中国社会科学出版社

图书在版编目（CIP）数据

幼儿教育费用分担研究／宋妍萍著 . —北京：中国社会科学出版社，
2015.7

（河南省重点学科论丛）

ISBN 978 - 7 - 5161 - 5820 - 3

Ⅰ.①幼…　　Ⅱ.①宋…　　Ⅲ.①幼儿教育—费用—研究　　Ⅳ.①G61

中国版本图书馆 CIP 数据核字（2015）第 063920 号

出 版 人	赵剑英	
责任编辑	罗　莉	
责任校对	佳　文	
责任印制	戴　宽	

出　　版	中国社会科学出版社	
社　　址	北京鼓楼西大街甲 158 号	
邮　　编	100720	
网　　址	http://www.csspw.cn	
发 行 部	010 - 84083685	
门 市 部	010 - 84029450	
经　　销	新华书店及其他书店	

印　　刷	北京市大兴区新魏印刷厂	
装　　订	廊坊市广阳区广增装订厂	
版　　次	2015 年 7 月第 1 版	
印　　次	2015 年 7 月第 1 次印刷	

开　　本	710×1000　1/16	
印　　张	13.75	
插　　页	2	
字　　数	203 千字	
定　　价	46.00 元	

追寻学科建设的教育理论与发展研究

（代总序）

我国高等教育发展的重心正在由规模扩展向质量提升转变，以质量提升为核心的内涵式发展成为高等教育当前的发展诉求。学科是学术的土壤，是创新的源泉，是人才培养的基地，是人类在认识世界而形成知识的过程中把同类知识所进行的系统化的集合。提高教育教学质量需要充分发挥学科建设的引领作用。

教育学原理是研究教育学中的基本理论问题，探求教育的一般原理和规律。教育学的研究对象决定了教育学研究的任务主要有三：一是揭示教育的规律。即揭示教育内部诸因素之间、教育与外部诸事物之间的本质性联系，以及教育发展变化的必然趋势，阐明教育的各种规律。二是科学地解释教育问题。即对纷繁复杂的教育问题提供超越日常习俗认识和传统理论认识的新解释，促进教育知识的增长。三是沟通教育理论与实践。即通过对教育规律的揭示和教育问题的解释，为教育工作者提供理论和方法上的依据，进而成为沟通教育理论和教育实践的桥梁。教育基本理论是教育的概念、原理的体系，是对教育实践系统化了的理性认识。因此，教育学原理是教育学中的基础学科，为其他二级学科提供理论观点和思想方法，为研究各级各类教育提供理论基础。它为教育理论的发展和教育改革提供综合性的研究成果。

教育学原理学科是郑州师范学院的传统学科，也是学校的优势学科。2010 年，本学科被评为校级重点学科。通过几年的建设和发展，2012 年 10 月被评为河南省第八批重点学科。以王北生教授为学科带头人的本学科研究团队，立足中原经济区建设，面对国内经济社会发展和世界性文化转型对教育理论和实践的挑战，借助于中原独具的区位优势，通过对教育基本理论前沿的透析，引领河南省基础教育改革和人才培养的方向；同时，教育学原理重点学科研究的长足发展，对于支撑师范教育专业课程体系改革，加强教师专业发展，针对教师教育专业技能培养具有重要作用。

基于此，学校确定的教育学原理学科点的建设目标：立足于教育在河南经济与社会发展中的基础作用和先导作用进行研究和探索，在教育基本理论、基础教育改革与发展、教师教育研究、特殊教育改革与发展研究学四个学科研究方向进行研究和实践，形成明显的优势和特色。

1. 教育基本理论研究

通过对教育基本理论前沿的透析，引领我省教育改革和人才培养的方向。该方向的特色是注重传统教育理论的实践反思，关注教育中基本问题的研究；注重基础教育理论与实践的研究；注重新课程改革中学习策略与研究性学习的研究；注重学校改革与发展的研究；注重儿童青少年健康人格塑造的研究；注重人的社会性发展研究。

2. 基础教育改革与发展研究

以教育为中原经济区建设服务、以和谐校园建设为切入点，以中小学、幼儿园教育的基本理论及专业技能培养在各级各类学校教育发展过程中所遇到的宏观、中观、微观问题为研究对象，以教育资源整体优化为研究路线，探讨影响基础教育发展的影响因素，提出发展的对策和改革路径。通过对全省基础教育理论的研究和探索，实现郑州市基础教育的整体提升，引领和示范河南的基础教育发展。

3. 教师教育研究

以基础教育新课程改革和教师教育课程标准为导向，立足于我国教师教育改革与发展实际，以教师培养与培训的现实问题为切入点，重点进行教师教育模式改革的研究与实践，主要研究领域涉及教师培养与培训模式的改革、教师教育课程改革、教师教育管理、教师专业发展、师范生教育技能研究等内容。

4. 特殊教育改革与发展研究

特殊教育是教育事业的重要组成部分，它的发展对于提升社会文明程度、减轻家庭和社会负担、提高特殊需要人群素质、提高教育水平以及促进社会公平等具有重要的意义。通过对特殊教育理论的研究和探索，形成我省特殊教育研究的高地，指导河南省特殊教育的改革与发展。本学科的特色是以培养特殊教育师资人才为主，兼顾康复人才和残疾人高级应用型人才培养为辅，开创教学、科研与社会服务为一体的办学模式。

在进行上述研究领域的基础上，借助教育学原理重点学科建设，在研究成果方面提出注重理论前沿、注重学科交叉、注重实践效果的基本要求。拟出版一批教育学原理学科领域的学术专著和规划教材，形成该重点学科建设的标志性科学研究成果。

首批出版的重点学科论著，是郑州师范学院近三年来本学科的博士，在其博士论文通过答辩后，经重点学科的各位专家学者提出修改意见后进一步完善的学术专著。其学术前瞻性主要体现在吸收了现代社会发展研究的新成果，部分研究成果表现出研究者敏锐的学术洞察力，其教育实践与前沿研究成果结合的方法为学习者提供了探索新问题的路径。其中有对教育投资理论问题的分析；有对教育学学科的建设性探索；有对课程与教学理论问题的挖掘；有对古代教育思想的研究反思；还有对特殊教育师资资质标准的研究等。他们不仅关注教育学基本资料的建设和积累，强调教育实践之于教育理论的重要意义，重视教育理论之于教育实践的服务功能与教育理论审视教育实践的本质使命，而且还积极参与教育学术规范的建立，努力拓展教育学学科的研究视域。

根据重点学科的研究进程和各方向专家学者的研究成果，重点学科论丛还将陆续出版一批新的论著，如教育与人的发展的研究、师范生实践技能标准研究、教师职业化研究等。同时出版与本学科所属专业的规划教材。

理论是行动的先导，科学的理论是正确行动的指南。教育思想、教育理论、教育观念在教育发展中具有先导作用。一所大学如果没有一定的教育科学研究，就不可能是一所合格的大学。我们期望教育学原理重点学科建设，能够实现区域基础教育的整体提升，引领和示范河南的基础教育发展，形成相对完善的教师教育体系，支撑师范教育专业课程体系改革，加强教师专业发展，提升教师教育专业技能培养。殷切希望有更多的教师参与教育理论与实践的研究，产生一批有一定研究水平的成果。能够有效地引导河南省基础教育进一步深化教育教学改革，优化教育结构，整体提升教学质量和办学水平。

在此，我们真诚地将从事教育学理论研究和实践探索的部分教师的研究成果呈现给大家，恳请得到各位专家同仁的批评与指正。

郑州师范学院重点学科论丛编辑委员会

2014 年 10 月 26 日

目　　录

表目录

图目录

绪　　论

一　研究的背景与意义

（一）问题的提出

人生百年，立于幼学。幼儿教育作为学校教育和终身教育的奠基阶段，对个体一生的发展有着重要影响。随着脑科学及相关研究的深入发展，公众普遍开始重视子女的学龄前教育问题，尤其是3—6岁儿童阶段的幼儿园教育。2009年《中国青年报》通过新浪网对2157人进行的调查显示："46.1%的人表示目前家庭最大的负担在于学前教育收费，73.4%的人认为学前教育应该免费"。① 不少家长感慨幼儿园"入园贵，贵过大学收费"。"入园贵、入园难"问题一时成为社会关注的热点。但是由于缺乏实证性的幼儿园收费情况调查，公众关于"入园贵"的议论常常是出于自己的经验或是受舆论影响。这种更接近于感性的认识不利于准确把握家庭支付幼儿园费用的负担问题，难以为相关教育经费投入政策的制定提供事实依据。因此，有必要较全面地开展对我国3—6岁儿童家庭的幼儿园教育支出情况的调查，以便理性分析幼儿园收费贵在哪里、哪些家庭的经济负担

---

① 黄冲：《74.7%的人感觉教育支出是极大负担，73.4%期待减免》，ht-tp：//www.china.com.cn/aboutchina/txt/2009 – 03/10/content_ 17411603 . htm。

更重。

"入园难"的本质是可提供的幼儿教育资源与幼儿入园需求之间的矛盾，而教育资源的缺乏可以分为绝对缺乏和相对缺乏两种情况。幼儿教育资源的绝对缺乏指的是所能提供的幼儿教育资源的绝对数量不能满足当前适龄幼儿的入园需求，其直接表现形式是无幼儿园可上；而幼儿教育资源的相对缺乏强调的是适宜于幼儿及家长需求的特定水准的教育资源短缺，也就是没有合适的幼儿园可上。[①] 媒体中报道的家长排队几天几夜为子女就读幼儿园报名或提前一年预约幼儿园名额的现象几乎都发生在公办幼儿园，[②] 可以说"入园难"主要指的是入公办幼儿园难，反映出幼儿教育资源相对缺乏的现象。为什么家长们争先恐后地想要子女进入公办幼儿园呢？家长们普遍表示：因为公办幼儿园质优而价廉。公办幼儿园优势地位的形成是与我国长期以来幼儿教育的财政投入方式有关的。多年来，我国幼儿教育财政经费仅占国家财政性教育经费的 1.2%—1.3%，已有的财政经费又重点投向了教育部门办园。由于政府分担了教育部门办园的经费，因此幼儿家庭分担的费用相应减少。而其他公办性质的幼儿园（例如企业办园、街道办园等）获得的财政拨款较少甚至没有拨款，一些公办性质的幼儿园园长提出"说我们是公办园，但是我们不享受财政拨款；而我们又必须按照政府指导价的等级标准收费"[③]。事实上，家庭缴费已经成为这些幼儿园最主要的收入来源。我国民

① 虞永平：《基本普及学前教育是未来十年学前教育发展的目标》，《幼儿教育》2010 年第 28 期。

② 苏令：《纲要热点透视：如何破解"入园难入园贵"问题》，http://www.jyb.cn/china/gnsd/201008/t20100805_380076.html；关玉、王荣：《热议：排队 1 年没进公立幼儿园》，http://news.bandao.cn/news_html/201203/20120330/news_20120330_1865501.shtml。

③ 马丽娅：《南京公办幼儿园集体涨价，家长表示如果再涨负担太重》，http://www.cnr.cn/gundong/200906/t20090611_505363060.html。

办幼儿园的教育费用更是完全依靠家庭缴费，幼儿家庭几乎承担了幼儿园的所有教育费用和办园盈利。幼儿教育财政经费究竟在不同类型幼儿园的收入中占有怎样的比例，还需要对各类型幼儿园进行较为详细的实地考察。

2010年《国家中长期教育改革和发展规划纲要（2010—2020年）》（下文简称《纲要》）提出"把促进公平作为国家基本教育政策"，我国未来十年的学前教育发展战略目标是"基本普及学前教育"。普及学前教育意味着政府要承担更多的责任和义务。为了实现这一目标，在财政投入责任方面指出要"加大政府投入，完善成本合理分担机制，对家庭经济困难幼儿入园给予补助"。为了落实《纲要》精神，着力解决当前存在的"入园贵、入园难"问题，《国务院关于当前发展学前教育的若干意见》（简称"国十条"）于2010年11月发布，明确提出"发展学前教育，必须坚持公益性和普惠性"，在财政投入方面强调"多种渠道加大学前教育投入，各级政府要将学前教育经费列入财政预算"，对于民办幼儿园要"制定优惠政策，鼓励社会力量办园和捐资助园"，对于家庭经济困难的儿童要建立学前教育资助制度，并且要求各地"以县为单位编制学前教育三年行动计划"。2011年发布的《关于加大财政投入支持学前教育发展的通知》（下文简称《通知》）再次指出"支持学前教育发展是公共财政的重要职责"，财政支持学前教育发展的基本原则有四点，分别是"政府主导，社会参与；地方为主，中央奖补；因地制宜，突出重点；立足长远，创新机制"。《通知》强调各地要从实际出发，探索适合当地实际的学前教育发展模式，建立健全经费投入及使用管理机制。这些文件的陆续出台，表明政府发展学前教育、解决"入园贵、入园难"问题的决心。作为发展学前教育的责任主体，地方政府开始依据"国十条"中的政策主旨制定当地的"学前教育三年行动计划（2011—2013年）"并加大对学前教育的经费投入。地方政府的幼儿教育财政经费是如何分配的，是否体现了公平、普惠的原则，主要改善了哪些问题，还有什么问题需要进一步解决？在行动计划已经制定完成并逐步实施，且2014年要启动实施第二期学前教育行动计划的时刻，总结分析上述问题有助于我国幼儿教育的可持续发展。

（二）已有研究述评

1. 幼儿教育费用分担现状的研究

幼儿教育费用的来源主要有两个，一是政府，二是幼儿家庭。已有关于幼儿教育费用分担情况的研究多是从这两个主体出发，侧重于分析政府财政投入幼儿教育的比例，以及家庭缴纳的幼儿园学费占幼儿园收入或生均成本的比例。

（1）政府财政投入幼儿教育的现状

政府财政投入幼儿教育现状的研究主要从经费投入规模、政府层级间的财政投入比例、财政投入的幼儿园类型差异等方面进行分析。研究者从横向的角度将我国的幼儿教育财政投入总量与国外幼儿教育财政投入水平进行比较；从纵向的角度分析我国近年来幼儿教育财政投入的持续低水平现象。有研究显示，国际幼儿教育公共经费投入占 GDP 的比例逐年增长，许多国家有加大对学前教育公共经费投入的趋势。[1] 陈云凡（2008）通过聚类分析 2003 年经合组织（OECD）国家的儿童福利财政支出发现，社会民主主义国家（丹麦、挪威、瑞典）的此项支出处于高层次，保守主义国家（德国、法国）基本上处于高/中两个层次，自由主义国家（美国、澳大利亚）基本上处于中/低层次，东亚国家（韩国、日本）基本上处于低层次。[2] 1990—2001 年，我国幼儿

---

① 周兢、陈思、郭良菁：《国际学前教育经费投入趋势的比较研究》，《全球教育展望》2009 年第 11 期。

② 陈云凡：《OECD 十国儿童福利财政支出制度安排比较分析》，《欧洲研究》2008 年第 5 期。

教育经费仅占教育经费总额的 1.3% 左右。2000—2008 年间，虽
然幼儿教育财政经费的总量在逐年增加，而且增长速度较快，但
是近 10 年间幼儿教育经费占全国教育总经费的比例维持在 1.3%
左右，比重仍然非常低。① 根据对我国 14 个省市的幼儿园进行调
查发现，幼儿园教育费用的 60% 来自于收费，28% 来源于财政
经费，11% 由企业投资。② 罗嘉君（2007）分析了张家港市政府
对幼儿园的经费投入比例，调查显示，乡镇一级的投入占 63%，
市县一级的投入占 16%，政府预算外的资助占 14%，直属部门
的投资占 7%。在各级政府部门内部，乡镇一级政府是财政投入
幼儿教育的主导力量。③ 还有一些研究分析了政府财政性教育经
费分配不公的问题。以教育部基础教育司 2001 年调查的 84 个样
本县中获得的数据为例，有 69.3% 的国家财政预算用于少数城
市和县镇的教育部门办园与政府办园，而占我国 70% 的集体办
园、企业办园得到的财政支持却很少。④ 宋映泉（2011）根据 3
省 25 县 591 所幼儿园的调研数据，分析了地方政府财政投入在
幼儿园办学经费中的比例，以及财政投入不同类型幼儿园的差
异，统计结果显示：政府在幼儿园办学经费中的平均分担比例不
足 30%；只有 3.7% 的民办园获得了政府的财政拨款，大约
66.2% 的公办园能够获得政府的财政拨款支持；在公办幼儿园的
办学经费中，政府分担比例的平均值为 37.72；在获得政府财
政拨款的公办幼儿园中，政府分担比例的平均值为 56.20%，分

① 陈桔红：《我国幼儿教育财政投入问题研究》，硕士学位论文，西
南交通大学，2011 年，第 24 页。
② 王化敏：《关于幼儿教育事业发展状况的调查报告》，http://
www. doc88. com/p – 39756242624. html。
③ 罗嘉君：《幼儿教育投资分析——以张家港为个案的研究》，硕士
学位论文，南京师范大学，2007 年，第 24 页。
④ 王化敏：《关于幼儿教育事业发展状况的调查报告》，http://
www. doc88. com/p – 39756242624. html。

担比例的中位数为 62.50%；示范性幼儿园中政府分担的经费比例略低于普通幼儿园，但是示范园获得的财政投入总量和生均财政经费均显著高于普通幼儿园。[①]

（2）家庭分担幼儿园费用的现状

家庭分担幼儿园费用的方式是缴纳学费。王红、沈慧洁和王彬于 2001—2002 年对广州市 10 个行政区的 62 所不同级别、不同类型幼儿园的教育成本进行了调查，结果显示，保教费是幼儿园收入的主要来源。等级类别较高的幼儿园大多数是公办幼儿园，基本上都享有事业拨款、国家财政补助、办学主管单位补助等形式的财政收入，其保教费收入约占幼儿园年费用总收入的 35.29%—49.83%；而未评估幼儿园中的大多数没有政府或主办单位的补助，幼儿园收入几乎全部来自于保教费，所以其保教费收入占年费用总收入的比例较高，平均达到 76.14%。生均实收保教费与生均成本相比，大多数幼儿园收取的保教费在成本的 50% 以下，有一部分占成本的 65% 左右。同时，此项调查发现，超过半数以上的幼儿园收取赞助费或捐资助学费，这已经成为幼儿园在保教费之外最重要的收费项目和费用来源。[②] 有研究指出，1999 年我国幼儿园教育的平均学费水平超过了农村居民的人均纯收入，在 2002 年达到了农村居民人均纯收入的 170%；幼儿园学费占城镇居民人均可支配收入的比例为 55%。[③] 张静（2009）通过调查上海市 5 所不同类型幼儿园的收费情况，发现幼儿园教育支出给家庭造成了一定的经济负担，部分家庭将

---

①　宋映泉：《不同类型幼儿园办学经费中地方政府分担比例及投入差异——基于 3 省 25 县的微观数据》，《教育发展研究》2011 年第 17 期。

②　王红、沈慧洁、王彬：《对广州市幼儿园教育成本及收费制度改革的调查分析》，《学前教育研究》2003 年第 5 期。

③　马佳宏、王琴：《我国学前教育成本分担问题研究》，《教育导刊》2010 年第 3 期。

20%—30%的收入用于此项支出。① 在具体的幼儿教育费用分担比例的研究中，虞永平（2007）依据西方发达国家家长承担幼儿教育的比重并考虑到我国政府的财政压力和家长的支付能力，认为将政府与家庭分担幼儿教育费用的比例确定在8比2左右是合理的。② 程方生（2009）也提出家长承担的幼儿园费用比例不应超过实际教育成本的1/3。③

　　国外研究倾向于从家庭承担幼儿教育费用的可负担程度来分析，"可负担性"在一定程度上是一个主观概念，那些认为幼儿教育很重要、愿意支付教育费用的家庭会认为一定金额的幼儿教育费用是负担得起的；而拥有相同收入的其他家庭或许就会认为是负担不起的。但是，幼儿教育费用如果超出家庭收入的一定比例，在客观上是负担不起的，或者说是昂贵的。澳大利亚非政府组织为幼儿教育收费设定了一个基本标准，大约是家庭可支配收入的5%—6%。较为公平的收费方式是，低收入家庭为幼儿教育机构支付的实际现金支出占家庭收入的比例应与高收入家庭相似。④ 2012 年"经济学家信息部"（The Economist Intelligence U-nit）发布了报告《良好开端：世界各地幼儿教育的基准》（Start-ing Well: Benchmarking Early Education across the World），比较了45 个样本国家的幼儿教育费用可负担程度，发现比较富裕的国家更有可能提供可负担程度较高的幼儿教育环境，而低收入国家

---

① 张静：《学前教育收费问题调查与政策建议——以上海市为例》，硕士学位论文，华东师范大学，2009 年，第 26 页。

② 虞永平：《论政府在幼儿教育发展中的作用》，《学前教育研究》2007 年第 1 期。

③ 程方生：《建言：程方生——关于建立学前教育经费分担机制的建议》，http://www.cnsece.com/Page/2009 - 2/6167302009223203540.html。

④ Christiane Purcal, Karen Fisher, "Affordability funding models for early childhood services", *Australian Journal of Early Childhood*, 2006, 31（4）: 49 - 58.

反而拥有收费最昂贵的幼儿教育机构；国家的收入不均等程度越高，幼儿教育的可负担程度越低。此报告通过考察各国政府对每个适龄幼儿的教育经费投入数量、政府对贫困家庭的资助、政府对幼儿教育机构的资助以及私立幼儿教育机构的成本等四项指标，对 45 个样本国家的幼儿教育可负担程度进行赋分，结果显示，挪威、丹麦、瑞典、芬兰等北欧国家的分数最高，而中国的幼儿教育可负担程度排名位列最后一位。[①]

2. 我国幼儿教育财政投入体制的研究

基于这些现状调查，有研究者尝试从我国财政经费投入体制的角度分析幼儿教育财政经费的分配问题。正如上述实证调研数据所显示的，政府在幼儿教育财政投入方面呈现"扶强扶优"的特征。桂磊（2004）指出这种倾斜性经费分配机制不利于提高幼儿教育的整体质量和幼儿教育经费的使用效率与效用，也不利于实现教育的公平。[②] 宋映泉提出，"县直机关园现象"或"示范园建设"所导致的富人阶层子女获得更多公共幼儿教育资源的投入模式不仅从道义上来讲不公平，而且从经济上来讲也不效益，这样的投入方式将会导致严重的教育及社会后果。徐雨虹认为，导致我国幼儿教育财政投入总量不足、结构失衡、公平性和效率性缺失等问题的一个非常重要的因素是制度的不合理，长期的经费投入不足、优质资源的过度集中致使社会上强势群体占有更多的幼儿教育资源，而本来就弱小的弱势群体基本享受不到公共教育资源。[③] 曾晓东（2005）提出我国

① The Economist Intelligence Unit, *Starting well*: *Benchmarking early education across the world*, http://www.lienfoundation.org/pdf/publications/sw_report.pdf.

② 桂磊：《关于财政性学前教育经费在幼儿园之间的分配问题》，《事业发展与管理》2004 年第 3 期。

③ 徐雨虹：《新制度经济学视角下的我国学前教育投资制度研究》，博士学位论文，华东师范大学，2007 年，第 134 页。

幼儿教育财政投入的问题除了经费总量不足之外，还包括投入体制不顺，投入与事权不统一等问题。① 因此，学者们提出应该改革我国的幼儿教育财政投入体制。

桂磊（2004）建议实行财政经费平均分配的体制，由政府按照市场价格和实际需要计算出各类幼儿的人均教育经费，然后依据每所幼儿园拥有的各类幼儿人数计算出该幼儿园所需的教育总经费，进而实行分配。而且，不同类型幼儿园的人均财政性经费在人均培养经费中的比例应与所有公办幼儿园的财政性经费总和占全部经费的比例相一致。蔡迎旗、冯晓霞（2006）认为我国现有的幼儿教育财政投入体制的缺陷主要表现在幼儿教育资金不能实现自由流动，财政资金分散，不能实现资源的有效整合；建议对幼儿园进行归属调整，建立各级教育和财政部门之间相互贯通的财政投入体制，并且各级政府还应设立幼儿教育专项经费。徐雨虹（2007）提出幼儿教育财政投入应以全国统筹为主、专款专用，地方财政为辅；不同类型幼儿园的地位平等，只要是符合办学条件的幼儿园，都能获得政府同样的财政补助。针对目前幼儿教育财政投入实行的是按编制、以拨款形式重点投入教育部门办园和少数机关办园的方式，蔡迎旗等（2008）提出了四种政府财政投入公办幼儿园的改进方式：按编制拨款，走内涵发展之路；改变按编制拨款，设立专项拨款；改拨款为返还利润的投资；解除规制，与市场对接。②

3. 国外幼儿教育财政经费投入方式的比较研究

依据各国幼儿教育财政经费投入的资金配置类型不同，研究者们对国际上幼儿教育经费的分担情况进行了归类。蔡迎旗

---

① 曾晓东：《供需现状与中国幼儿教育事业发展方向》，《学前教育研究》2005年第1期。

② 蔡迎旗、冯晓霞：《政府财政投入公办幼儿园方式的选择》，《教育与经济》2008年第1期。

（2006）将各国幼儿教育财政资金的配置类型和财政政策分为四类：以政府支出为主，儿童家庭保护为导向的北欧国家；以政府支出为主，儿童入学为导向的英国、法国等西欧国家；政府与民间协作，以父母工作为导向的美国、加拿大等西方以市场经济为主的发达工业国家；以民间投入为主，儿童入学为导向的亚洲国家。① 张静（2009）将世界上主要的幼儿教育成本分担模式概括为三类，分别是由政府承担为主（欧洲国家），由家庭、政府和社会共同承担（市场经济为主的西方国家），以及由家庭承担为主（亚洲国家）的模式。②

　　对于各国政府财政投入幼儿教育具体方式的研究依据接受财政经费主体的不同，分为供给方导向的投入方式（投给幼儿教育机构）和需求方导向的投入方式（投给幼儿家庭）。供给方导向的经费投入方式表现为现金投入、税收优惠和实物资助，其中现金投入包括直接拨款和转移支付两种操作方法，税收优惠包括税收免征和税收减征两种；需求方导向的经费投入方式表现为家庭津贴、幼儿教育券、学费减免、税收优惠和带薪育儿假等。③ 更多的研究集中在需求方导向的投入方式分析，包括对各国家庭津贴、学费减免、税收优惠、带薪育儿假等家庭福利制度的介绍，以及对各国幼儿教育券实施情况的分析。已有关于家庭津贴、学费减免、税收优惠、带薪育儿假等内容的概述多散见于研究各国儿童福利及家庭政策的文章中。研究者们分析了美国、法国、德国、北欧等国的儿童福利与家庭政策，发现各国政府均对有孩子

---

　　① 蔡迎旗：《国外幼儿教育财政资金的配置类型、政策及其启示》，《上海教育科研》2006年第9期。

　　② 张静：《学前教育收费问题调查与政策建议——以上海市为例》，硕士学位论文，华东师范大学，2009年，第15页。

　　③ 李召存、姜勇、史亚军：《国际学前教育公共经费投入方式的比较研究》，《全球教育展望》2009年第11期。

的家庭设立了收入补贴项目（张晓霞，2003；[①] 张雨露，2007；[②] 张敏杰，2011；[③] 何玲，2009；[④] 栾俪云，2010[⑤]）。关于幼儿教育券政策的研究主要是针对实施区域情况的介绍，包括对各国及地区幼儿教育券计划实施的背景、运作机制、产生的效果及存在问题的梳理。例如，美国实施的幼儿教育券属于补弱型教育券，更偏重于正义和公平理念，实施结果显示：幼儿教育券确实达到了增加家庭教育选择权的目的，提升了幼儿的受教育机会。[⑥] 研究者通过对中国台湾实施的幼儿教育券进行实证研究，认为教育券仅仅在解决未立案幼教机构的问题上有显著成效，而至于其他的政策目标（如提供多元化的教育选择机会、促进公私立幼儿园之间的优质竞争环境、改善幼儿园生态环境、提升幼儿教育质量、促进教育资源公平分配的合理效益、缩小公私立幼儿园与托儿所学费的差距、减轻家长教养子女的经济负担等方面）则并未达成预期效果。[⑦] 中国香港幼儿教育券实施后引起了激烈的讨论，各界人士反应不一。有研究者认为，香港幼儿教育券的面额分布不均、教师压力大、阶层分化以及办学多元化减弱等问题相

---

① 张晓霞：《美法两国儿童福利制度的差异比较》，《社会》2003年第6期。

② 张雨露：《家庭—个人与社会的博弈——关于德国家庭现状及目前家庭政策的分析》，《德国研究》2007年第22卷第1期。

③ 张敏杰：《德国家庭政策的回顾与探析》，《浙江学刊》2011年第3期。

④ 何玲：《瑞典儿童福利模式及发展趋势研议》，《中国青年研究》2009年第2期。

⑤ 栾俪云：《国外儿童照顾与支持的价值理念和制度安排》，《前沿》2010年第12期。

⑥ 魏霞：《美国教育券对我国幼儿教育的启示》，硕士学位论文，辽宁师范大学，2011年，第32页。

⑦ 巫永森：《幼儿教育券政策实施情形之调查研究——以彰化县为例》，硕士学位论文，台湾静宜大学，2002年，第20页。

对突出；但是，幼儿教育券在促使办学者认真办学、优化幼儿教育市场、提高幼儿教师整体素质以及改善幼儿教育办学质量等方面的优点还是值得肯定的。[1] 方钧君（2007）通过文献分析美国、英国和中国台湾地区的幼儿教育券政策并对中国宁波市镇海区幼儿教育券政策进行实证研究，比较分析了各国/地区幼儿教育券政策的内涵及实施经验，发现幼儿教育券政策都是在重视幼儿教育并且注重发挥市场机制的背景下提出来的，幼儿教育券政策的实施程序基本呈现自下而上和自上而下两条路径。文章指出，幼儿教育券较好地兼顾了公平与效率，为我国政府财政投入幼儿教育提供了一种可选择的政策思路。[2]

纵观我国已有关于幼儿教育费用分担情况的研究发现，对于这个主题的关注是近几年才逐渐兴起的。特别是 2010 年《国家中长期教育改革和发展规划纲要（2010—2020 年）》以及《国务院关于当前发展学前教育的若干意见》政策出台的前后，研究者们倾向于采用实证调查的方法分析幼儿教育费用分担的状况。可以说，政策的出台促进了幼儿教育费用分担研究的进一步发展。综述显示，我国已有研究多是从幼儿园费用的来源或幼儿园教育成本的角度出发，分析政府的财政经费投入和家庭缴费的比例。而国外关于家庭分担幼儿教育费用的研究则着眼于家庭的可负担程度，进而探讨幼儿教育财政投入方式的公平性。引发我们研究幼儿教育费用分担问题的最初原因是公众反映"入园贵"，而幼儿园收费是否贵，其实质是与家庭的经济承受能力相关的。因此，从家庭的角度分析哪些群体的幼儿教育支出负担过重，更能够清晰地反映出政府财政投入的薄弱环节所在，进而明确下一步

---

① 刘正生：《评香港特别行政区学前教育的新拨款形式——教育券》，《比较教育研究》2008 年第 3 期。

② 方钧君：《基于教育券思想的政府投资幼儿教育政策研究》，博士学位论文，华东师范大学，2007 年，第 165 页。

财政投入政策的重点。已有实证研究表明，我国幼儿教育财政投入除了总量少之外，在分配方式方面还存在着"扶强扶优"的倾斜性投入特征。研究者们虽然提出要改革这种幼儿教育财政投入体制，然而关于幼儿教育财政投入方式改革的建议多是从宏观层面进行论述，较少结合各地已有的创新性经费投入方式进行具体分析和经验总结。随着各地"学前教育三年行动计划（2011—2013 年）"的制定与实施，分析这些财政投入方式产生的效果及存在的问题，能够从实践层面加强幼儿教育财政投入制度的研究。

（三）研究问题

本书从幼儿教育费用的主要来源——政府和家庭两个方面，分析了我国幼儿教育费用的分担情况。依据《国务院关于当前发展学前教育的若干意见》的要求，各地政府已经制定完成"学前教育三年行动计划（2011—2013 年）"并付诸实施。通过问卷调查和政策分析，本书拟解决以下三个方面的问题：

1. 政府分担不同类型幼儿园费用的比例和方式如何？政府主要分担了哪些家庭的幼儿教育费用？

2. 家庭的幼儿园教育支出水平、支出结构和经济负担状况如何？哪些家庭的支出负担更重？

3. 各地"学前教育三年行动计划（2011—2013 年）"中有关政府财政投入幼儿教育的方式有哪些？效果如何？还有哪些需要进一步改进的地方？

（四）研究意义

本书从公共产品理论出发分析了幼儿教育的准公共产品性质，并梳理了我国幼儿教育财政经费投入政策的历史发展，结合教育成本分担理论提出了作为准公共产品的幼儿教育费用分担的原则。这些内容有助于进一步丰富我国幼儿教育财政理论的研究。

通过实证调查政府分担不同类型幼儿园费用的比例，以及家庭支付幼儿园费用的承受能力，客观地分析哪些家庭的幼儿园教育支出负担最重以及影响家庭支出水平的因素，有助于把握"入园贵、入园难"问题的关键所在。幼儿园能否获得稳定而充足的经费投入对于普及幼儿教育至关重要。在幼儿教育财政经费数量一定的情况下，政府的财政投入方式决定着幼儿教育发展的公平与效率。在"学前教育三年行动计划（2011—2013 年）"中，各地政府纷纷加大对幼儿教育的经费投入，总结各地财政投入的经验和方式，分析政策实施的效果及存在的问题，能够为改革和创新幼儿教育财政投入体制提供借鉴。

二 研究设计

（一）概念界定

1. 幼儿教育

学者们对"幼儿教育"年龄段的划分有不同的解释。德国心理学家施太伦（W. Stern）以种系演化作为标准将 6 岁以前的阶段称为幼儿期。法国儿童心理学家瓦龙（Henri Wallon）依据儿童的心理年龄把初生到 1 岁、1 岁到 3 岁这两个时期作为"动作发展时期"的前后两个阶段，3 岁到 5—6 岁是"主观或个性时期"。各国对于早期儿童教育（Early Childhood Education）的定义也不同，联合国教科文组织依据国际教育标准分类（International Standard Classification of Education，ISCED）将至少满 3 岁至入学前这一阶段的教育项目确定为 ISCED 的 0 水平项目（Level 0），是为了满足这个年龄阶段儿童的教育和发展需要而设立的中心或项目计划，由受过充分训练的教师为儿童提供教育。[①] 我国《教育大辞典》中把幼儿教育定义为"学前教育的一个阶段，对象是 3—6 岁的儿童"。[②] 本书将"幼儿教育"的年龄

[①] OECD, *Starting Strong Ⅱ*: *Early Childhood Education and Care*, 2006.

[②] 顾明远：《教育大辞典》，上海教育出版社 1998 年版，第 1931 页。

段限定为3—6岁。

2. 幼儿教育费用

我国对3—6岁儿童实施教育的专门机构是幼儿园。国际上有些国家或地区对3—6岁儿童的家庭以发放家庭津贴，实行税收优惠等措施分担家庭的幼儿教育费用。而我国的幼儿教育财政经费是以拨付给幼儿园的形式间接分担家庭的教育支出，并未财政补贴幼儿在幼儿园之外花费的教育费用。本书实证调查的重点即是政府和家庭分担幼儿在幼儿园接受教育所需费用的情况，因此本书中的"幼儿教育费用"指的是政府和家庭为3—6岁儿童接受幼儿园教育所投入的各种费用的总和，主要包括政府拨付的幼儿教育财政经费、社会捐赠和家庭支付的费用。各级政府通过财政拨款等方式直接给予幼儿园的经费包括教育事业费、基本建设费和专项拨款等；来自社会的资金主要是指社会上的各企事业单位、群众团体及个人对幼儿园的捐款；家庭支付的费用涵盖保教费、伙食费和学习用品费等。

目前我国公办幼儿园的费用支出由政府和幼儿家庭共同分担。民办幼儿园的前期资金投入是由私人部门（投资者）预先支付，而私人部门在市场经济条件下的投资目的是追求经济利润，民办幼儿园的所有费用支出和增值利润最终将由家庭缴纳的费用全部承担。本书着重分析不同类型幼儿园中政府和家庭分担幼儿教育费用的比例，以及家庭的支出负担情况。

3. 幼儿教育政策

教育政策是公共政策的一部分，"是由政府及其机构、官员制定和实施的调整一定社会区域教育领域社会问题和社会关系的公共政策"。① 在教育政策概念的界定中通常把教育政策认定为

① 杨润勇：《地方教育政策行为研究——以县级区域为例》，教育科学出版社2011年版，第31页。

是一种行动准则。例如，"教育政策是一个政党或国家为实现一定时期的教育任务而制定的行为准则"。① "教育政策是针对教育工作的目标、途径和方法的总体规定，是国家或政党为实现教育目标而制定的行政准则。"②

幼儿教育政策是幼儿教育事业发展的纲领和指南，相关的定义有："学前教育政策是政府为实施和发展学前教育事业而制定的行动准则，是实施学前教育行动的出发点以及行动的过程和归宿。"③ "学前教育政策是国家制定和颁发的有关学前教育的方针、法律、纲要、决定、通知、规划、规定、意见、办法、条例、规程、细则、纪要等各种文件的总称。"④ "幼儿教育政策是国家在一定时期内为实现幼儿教育目标、完成幼儿教育任务而协调教育内外关系所做出的战略性、准则性规定。它直接影响着宏观教育事业发展的方向、速度、规模和效益，又间接影响着微观教育活动的质量。"⑤

本书将幼儿教育政策界定为：在一定历史时期，政府为解决一定的幼儿教育问题、实现一定的教育目标而制定的行动准则，表现为一系列的政策文本。本书着重分析了各地市"学前教育三年行动计划（2011—2013 年）"中有关财政投入的政策。

（二）研究思路与逻辑框架

幼儿教育作为人生发展中的一个重要阶段，已经越来越受到

① 袁振国：《教育政策学》，江苏教育出版社 2002 年版，第 115 页。
② 萧宗六、贺乐凡：《中国教育行政学》，人民教育出版社 1996 年版，第 294 页。
③ 朱家雄、王峥：《从教育人类学视角看学前教育的政策走向和政策制定》，《幼儿教育》（教育科学版）2006 年第 1 期。
④ 彭海蕾、王楠、姚国辉：《不同历史时期的中国学前教育政策初探》，《徐特立研究（长沙师范专科学校学报）》2010 年第 1 期。
⑤ 郑名：《落实幼儿教育政策　促进幼儿教育发展——西北地区幼儿教育政策执行的障碍分析与政策建议》，《教育导刊·幼儿教育》2006 年第 2 期。

各国政府的关注。虽然不同国家的幼儿教育文化传统不同、经济发展水平也存在着一定差距，但是总结各国幼儿教育费用分担的政策及实施经验，有助于我们反观本国的幼儿教育费用分担状况。本书通过文献梳理各国政府财政投入幼儿教育的方式及其政策目标，提出公平是各国幼儿教育费用分担的基本原则，并且是以提高家庭的教育支付能力为财政投入目标的。在回顾我国幼儿教育费用分担政策的基础上，本书实证调查了2010—2011年政府财政投入幼儿教育的情况以及家庭的幼儿园教育支出负担，发现倾斜性财政投入政策导致了公办性质幼儿园（企业办园、街道办园）和民办幼儿园中的家庭支出负担普遍较重，而这些幼儿园又多是为公众服务的普惠性幼儿园，这显然是不符合公平原则的。针对这一问题，各地在"学前教育三年行动计划（2011—2013年）"中采取了一些措施改善不同类型幼儿园获得财政经费不公平的现象，但是仍然存在需要进一步完善的内容。本书最后依据幼儿教育费用分担的原则提出了政府和家庭合理分担幼儿教育费用的几点建议。本书的逻辑结构如下图所示：

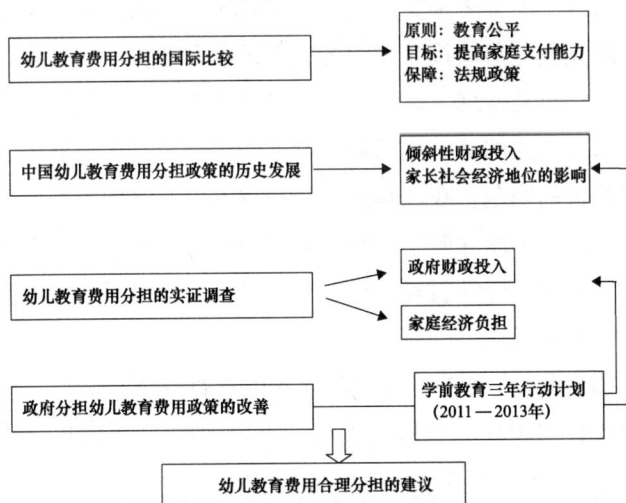

图0—1 "幼儿教育费用分担研究"框架

（三）研究内容

第一部分：幼儿教育费用分担的国际比较。通过梳理各国/地区的幼儿教育费用分担情况，归纳出幼儿教育费用分担的基本原则及政府财政投入的政策导向。回顾我国幼儿教育财政投入政策的历史发展，分析财政投入的特点。

第二部分：实证研究政府分担不同类型幼儿园费用的情况，以及不同类型幼儿园内家庭的教育支出负担状况，探究幼儿教育财政经费究竟为哪些家庭分担了教育费用，是否符合幼儿教育费用分担的原则。

第三部分：解析各地市"学前教育三年行动计划（2011—2013 年）"中相关的幼儿教育财政经费投入政策，总结各地的财政经费投入方式及政策实施的效果，分析三年行动计划的合理性。

第四部分：本书最后尝试提出了政府财政投入幼儿教育的经费规模、家庭分担幼儿教育费用比例确定的依据，以及政府分担幼儿教育费用方式的改善建议。

（四）研究方法

本书以文献分析和实证调查为主要研究方法。通过文献分析国内外幼儿教育财政投入政策的特点及投入方式，结合我国"学前教育三年行动计划（2011—2013 年）"文本，总结我国幼儿教育财政投入方式的地方性探索经验，探讨财政投入的原则及需要进一步改善的问题。在此基础上，采用问卷调查的方法整体考察了我国不同类型幼儿园中政府和家庭分担教育费用的比例，以及不同收入阶层家庭的教育支出水平与支出负担情况。

1. 文献研究法

"文献研究法是通过对于教育文献进行查阅、分析、整理从而探索教育问题的一种研究方法。"① 本书梳理了国内外幼儿教

---

① 李方：《现代教育研究方法》，广东高等教育出版社 2007 年版，第 172 页。

育财政投入政策的特点及投入方式，并结合当前我国发展幼儿教育的最新政策——"学前教育三年行动计划（2011—2013 年）"，选取"入园难、入园贵"突出的北京、深圳、天津、西安、郑州、石家庄、武汉、贵阳八个城市的"学前教育三年行动计划（2011—2013 年）"政策文本作为分析对象，探究地方政府财政分担幼儿教育费用的方式。

2. 问卷调查法

本书主要通过问卷调查的方法考察不同类型幼儿园的经费来源情况，以及家庭支付幼儿园费用的支出水平与支出负担状况。本书以北京师范大学刘焱教授组织的课题组为支持，于 2010 年10 月至 2011 年 6 月调查了浙江省（杭州市、金华市、丽水市）、河南省（郑州市、焦作市、开封市）和四川省（绵阳市、南充市、自贡市）三省九市中不同办园类型幼儿园（教育部门办园、机关及企事业单位办园、民办园）的收入来源情况，试分析政府财政分担不同类型幼儿园教育费用的状况，共获得有效问卷 97份。笔者主要负责收集河南省内三个城市的幼儿园收入来源数据。

为了较全面地了解我国 3—6 岁幼儿家庭支付的幼儿园费用结构、支出水平及支出负担情况，本书分别选取我国东、中、西部的北京市、天津市、石家庄市、唐山市、武汉市、郑州市、南昌市、呼和浩特市、重庆市和贵阳市等 10 个城市发放问卷；每个城市以幼儿园为单位，在兼顾办园类型和不同质量水平的前提下随机抽取幼儿园的大、中、小班幼儿家庭进行问卷调查。调查内容包括家庭基本情况、家庭支付幼儿园费用的情况、家长的支付意愿与承受能力等。本次调查共发放问卷 9000 份，回收有效问卷 7718 份，回收率达到 85.8%。

第一章

幼儿教育费用分担的国际比较

第一节　幼儿教育的基本属性

　　准确定位幼儿教育的基本属性，是明确幼儿教育费用分担的前提。无论是国内还是国外，幼儿教育都起源于社会福利事业。19 世纪中叶以前，幼儿教育一直是私人行为，20 世纪开始逐渐发展成为公众的责任。[①] 自 20 世纪 60 年代以来，特别是 1989 年联合国颁布《儿童权利公约》之后，许多国家根据《儿童权利公约》的基本精神并结合本国的实际情况，纷纷采用立法的形式确立了幼儿教育的地位，逐渐普及幼儿教育。一些发达国家明确规定义务教育从 5 岁开始，将 3—6 岁儿童纳入公共幼儿教育体系的比例分别为：法国是 99%、比利时为 95%、意大利 91%、西班牙 84%、丹麦 83%、西德 78%、奥地利 75%、瑞典 74%、荷兰 71%、希腊 70%、冰岛 64%、挪威 61%、英国 60%。国际社会之所以重视普及幼儿教育，主要是基于以下五个方面的原因：一是幼儿教育对于促进个人发展和综合国力的提高具有长远意义；二是普及幼儿教育对于妇女解放、改善家庭生活与提高社会生产力有着直接的积极作用；三是加强幼儿教育有利于消除弱

---

　　① ［美］芭芭拉·鲍曼等：《渴望学习》，吴亦东等译，南京师范大学出版社 2005 年版，第 17 页。

势群体代际间的恶性循环，实现平等均衡发展的机会；四是因为有研究指出，投入幼儿教育的经济回报率比其他领域更高：例如，瑞士社会经济学家的一项研究表明，苏黎世每年投入幼儿看护服务的 1800 万瑞士法郎至少能抵消 2900 万瑞士法郎的额外税收收入并减少在社会援助方面的公共支出（Müller Kucera and Bauer，2001）；五是幼儿教育作为社会公共服务体系的初始阶段和必要组成部分，政府拥有发展幼儿教育的不可推卸的责任。①虽然国际社会已经对幼儿教育普遍达成共识，要让所有孩子都能够接受具有一定质量的幼儿教育，但是幼儿教育在绝大多数国家仍然不属于义务教育。因此，幼儿教育的费用不可能由政府完全承担。幼儿教育费用分担主体及分担方式的确定依赖于对"幼儿教育"基本属性的认识。

一 幼儿教育的公益性质

"公益"一词在《现代汉语词典》中被解释为"公共的利益"。具体到教育领域，《中华人民共和国教育法》规定"教育活动必须符合国家和社会公共利益"。教育的公益性是指"教育能为受教育者（及其直系亲属）之外的其他社会成员带来的经济的和非经济的收益"。② 教育作为一项公益性事业，既是人们对教育的利益属性和价值特征的基本判断，也是人们从利益归属和资源配置等方面对教育运行规律的基本概括。③ 传统的教育公益性概念多是从教育的提供方式的角度来理解，主要包括五个方面的内涵："符合社会公共利益，不以营利为目的，由国家举办，

① 徐卓婷：《国际社会为什么重视普及学前教育》，http：//news. xinhuanet. com/edu/2010 – 12/24/c_ 12915315. htm。

② 严奇岩：《20 年来我国对教育公益性的矛盾认识》，《南通大学学报》（教育科学版）2005 年第 4 期。

③ 邢永富：《教育公益性原则略论》，《北京师范大学学报》（人文社会科学版）2001 年第 2 期。

追求平等，强调非经济价值取向"。[①] 教育通过培养社会所需要的人才来满足社会公共利益。不以营利为目的的判断标准是基于经营者对办学盈余的处置，只要将办学和其他经营活动的所得收入用于教育机构自身的建设和发展，就是符合教育公益性规定的。政府作为维护社会公共利益的权力机构，被视为举办教育、体现教育公益性的责任主体。平等是教育公益性追求的最终目标之一，旨在保证全体社会成员能够共同、平均地享有社会教育资源。教育公益性强调的非经济价值取向则体现为强调培养学生的人文精神。但是随着私营部门在满足公众对教育需求中的地位日趋重要，依靠各种社会力量来提供教育服务成为发展教育的一个重要途径。学者们开始从教育外部性的视角对教育公益性的内涵进行重新界定，提出了市场化公益行为的概念。市场化公益行为主要是处理公益性事业与市场之间关系的一种方式。具体到教育领域，"市场化公益行为是指办学主体通过某种市场化的方式来获得社会的教育资源，以一种与政府途径相平行的市场途径向社会提供教育服务，为此享受教育服务的人必须交纳一定的学费，而投入教育资源的人则必定要获得一定的经济回报"。[②] 市场机制有限地介入到教育领域，既实现了一部分教育提供者的私益，同时又满足了社会成员对教育多元化的需求，进而实现了公益。市场化公益行为意味着通过市场将教育提供给社会大众。

幼儿教育的公益性主要体现在幼儿教育能够为接受教育的适龄儿童（及其直系亲属）之外的其他社会成员带来经济和非经济的收益，而且这种教育收益是为大多数甚至全体公民无排他性

---

① 杨晓霞：《教育公益性的重新解读——兼论教育的公益性与产业性关系》，《中国教育学刊》2002 年第 5 期。

② 劳凯声：《面临挑战的教育公益性》，《教育研究》2003 年第 2 期。

地享有的。[①] 从幼儿教育收益的角度来看，众多研究表明，幼儿教育不仅能促进个体全面健康发展，同时能有效地提高教育的整体效益和家庭生活的质量，维护并增进社会稳定。[②] 有研究表明，与未接受幼儿教育的儿童相比，接受过 1—2 年优质幼儿教育的儿童在未来有着较高的学业成绩、较高的经济收入、较低的犯罪率等。特别是面向弱势群体的幼儿教育还可以通过保障教育的起点公平而打破贫困的代际循环，进而促进社会公平，对社会、政治、经济和教育的可持续发展产生长期而巨大的影响。2000 年，诺贝尔经济学奖得主海克曼（James Heckman）教授也提出，在对所有教育阶段的投入中，学前教育和小学低年级投入产生的回报超过了机会成本。他指出，将人力资本投入直接指向幼儿是对社会公共资金更有效的利用。[③] 幼儿教育的正外部性和高回报性均表明，公益性是幼儿教育的根本性质。纵观世界其他国家的幼儿教育属性，都具有很强的公益性。在法国，凡年满 2 岁的儿童均可就近免费入学。[④] 虽然法国的幼儿教育不是义务教育、不具有强迫性，但是面向所有适龄儿童免费实施。美国、英国和韩国实行部分年龄段免费的教育政策，在保证学前一年教育免费的基础上，美国和英国的幼儿教育免费范围逐渐扩大，延伸至 3—4 岁儿童。幼儿教育的公益性在更大程度上是通过中央和地方政府对幼儿教育的财政投入得以体现的。面向 3—6 岁的幼儿教育作为政府主导的社会公益事业，幼儿园设立的目的不在于

① 刘鸿昌、徐建平：《从政府责任的视角看当前我国学前教育的公益性》，《学前教育研究》2011 年第 2 期。

② Gordon Cleveland, Michael Krashinsky: *Financing ECEC Services in OECD Countries*, 2003.

③ ［美］詹姆士·丁·海克曼：《提升人力资本投资的政策》，曾湘泉译，复旦大学出版社 2003 年版，第 132—136 页。

④ 中华人民共和国教育部国际合作与交流司：《世界 62 个国家教育概况》，首都师范大学出版社 2001 年版，第 341 页。

营利，而在于实现公共利益。幼儿教育的公益性要求政府保证每一位适龄儿童都享有平等的受教育机会，由国家举办、公共财政经费维持的公立幼儿园尤其应该体现为公众服务的性质。同时，市场化公益理念也提醒我们，如何通过创新制度管理或改善融资手段来协调幼儿教育公益性和资本寻利性之间的矛盾，是当前制定幼儿教育政策时需要考虑的突出问题。我国《民办教育促进法》明确规定，"民办教育事业属于公益性事业，是社会主义教育事业的组成部分"。民办幼儿园作为幼儿教育的重要组成部分，在扩大幼儿受教育机会、增加教育选择权、扩大福利性教育方面均表现出公益性。但是在缺少政府财政经费投入的情况下，民办幼儿园为了维持园所的正常运转和合理回报，收取的保教费用明显高于公办幼儿园。由于民办幼儿园实行收费备案制，相关部门如果监督管理不到位，很容易导致民办幼儿园暴利收费的现象。要想保证民办幼儿园的公益性，政府必须对民办幼儿园给予一定的教育经费支持政策。

二　幼儿教育的准公共产品性质

美国经济学家萨缪尔森于 1954 年发表的《公共支出的纯理论》中提出了公共产品理论，认为公共产品是"每个人对这种产品的消费，都不会减少其他人对它的消费"。[1] 公共产品理论依据产品或服务是否具有消费上的竞争性和供给上的排他性，将全部社会产品和社会服务分为公共产品、私人产品和准公共产品。[2] 从这个定义可以推出，公共产品所具有的两个重要特征是消费的非竞争性和消费的非排他性。公共产品的非竞争性表现在

---

[1]　P. A. Samuelson, "The pure theory of public expenditures", *Review of Economics and Statistics*, 1954, 11.

[2]　魏欢欢：《高等教育成本分担机制探析》，硕士学位论文，辽宁师范大学，2009 年，第 9 页。

增加的消费者所引起的社会边际成本为零，人人都可以在此公共产品的消费中获得相同的利益，而且互不干扰。公共产品的非排他性是指，公共物品的提供无法从技术层面做到将某人排除之外，或者是因为排除的成本过高而无法限制受益人群，因此，公共产品是不能阻止公众集体受益的。公共产品具有非排他性还因为其具有的不可分割性特点。而对于私人产品来说，消费是具有竞争性、排他性和可分割性的。增加一个人的消费必然减少另一个人的消费；人们可以通过技术上可行或经济上合理的手段将某些消费者排除于对某项私人产品的消费之外；私人产品在消费者之间是完全可分的，消费的数量是累加的。① 此外，在产品或服务的供给与资源配置方式方面，公共产品与私人产品也存在不同。公共产品的分配主体通常是政府，而私人产品则主要通过市场来分配。

依据美国经济学家布坎南（Buchanan）提出的观点，"公共物品是一个外延广阔的范围，不仅包括纯粹的公共物品，而且包括公共性程度从 0 到 100% 的一些其他商品与服务。如果一种公共物品的消费者群体在从部分成员逐渐扩大到全体社会成员的过程中，其边际成本始终为零，那么这种物品就被视为是纯公共物品。如果一种公共物品的消费者群体扩大到一定数量时其边际成本开始上升，而且当消费者群体继续扩大到某一数量时边际成本变得非常大，那么，这种公共物品就属于准公共物品，其特性处于私人物品与纯公共物品之间"。② 1973 年，桑德莫（A. Sandmo）着重从消费的角度论述了准公共产品，认为这种产品具有局部的排他性和局部的非竞争性，兼具公共产品与私人产品的特

---

① 陈小安：《准公共产品供给与定价的理论和实践研究》，硕士学位论文，西南财经大学，2002 年，第 6—8 页。

② 苏林琴：《公共性：高等教育的基本属性》，《现代教育科学》2009 年第 2 期。

点。桑德莫认为在通常情况下，商品都具有准公共产品的特性，即都处于纯公共产品和私人产品之间的某个位置上。当商品越靠近公共产品的特征时，这种商品的供给就更适合于公共产品供给理论，国家对它的财政支持可以更多一些，个人承担的费用就少一些。当商品越靠近私人产品的特征时，这种商品的供给则更适用于私人产品供给理论，国家可能很少甚至不给予财政支持，个人为了获得这种商品的服务，就需要支付部分或全部价格。[①] 由于准公共产品的这种介于纯公共产品和私人产品之间的特性，在产品供给上相应地引起供给主体应该是政府还是市场的争论。

从幼儿教育的属性来看，更多学者认为幼儿教育不仅具有一定公共产品的非排他性和非竞争性特征，还具有一定的私人产品的排他性和竞争性特征，所以幼儿教育属于准公共产品。首先，幼儿数量在一定比例范围内的增加并不会影响或排除其他幼儿接受同样的幼儿教育服务，每位幼儿可以在相同时间、相同地点接受同样条件的幼儿教育，其教育效用无法分割。而且，幼儿教育所产生的社会效益会外溢至每位社会公众。但需要注意的是，幼儿教育所具有的这种非竞争性是限定在一定幼儿数量的范围之内的，一旦接受教育的幼儿数目超过相应限度，竞争性就会取代非竞争性。目前我国幼儿教育仍然是一种较为稀缺的教育资源。由于受到招生规模的限制，幼儿教育每增加一个名额，就会相应减少其他人消费幼儿教育的机会。从消费的角度来说，受教育者数量的增加必然会带来"拥挤成本"，导致个人享受的教育服务数量减少或质量下降，个人所获得的教育满意程度也会发生变化。从生产的角度来讲，由于受教育幼儿人数的增加而引起教育服务供给的边际成本增大，教育供给者可以通过提高服务价格来实现

---

① 朱琼英：《伦理学视野中高校学费政策》，硕士学位论文，华中科技大学，2007 年，第 13 页。

排他，那些不愿意支付相应费用的家庭子女将无法享受该幼儿园的教育服务。[1]公办幼儿园难以从收费上实现排他，就可能造成"入园难"；而民办幼儿园通过提高收费来实现排他，就导致了"入园贵"。

我国学者厉以宁（1999）、魏新（2000）和袁连生（2003）等按照公共产品理论对教育产品的公共属性进行了分类，"包括具有纯公共产品性质的教育服务、基本具有公共产品性质的教育服务、具有准公共产品性质的教育服务和具有纯私人产品性质的教育服务"。[2]幼儿教育被划为基本具有公共产品性质的教育服务。也就是说，幼儿教育作为准公共产品，更靠近公共产品这一端，因此，政府的财政支持应该更多一些。

第二节　各国政府、家庭分担幼儿教育费用的特点

从幼儿教育经费的来源来看，各国幼儿教育经费来源呈现多元化特点，即由政府财政投入、家庭交费和社会捐赠等多种渠道共同分担，而主要区别在于各部分投入所占的比重各有不同。梳理各国幼儿教育费用分担的特点和方式，概括出趋同的分担原则，有利于我们依据本国的国情和政策目标，借鉴相应的分担方式。一般来说，所有国家的政府都会负担面向3—6岁儿童的公共教育机构的大部分费用。只要这些公共教育服务是由教育部主持的，中央政府几乎支付全部资金，例如比利时、法国、意大利、荷兰和英国。在澳大利亚、加拿大、韩国和美国，政府为5

---

[1]　方钧君：《政府辅助幼儿教育责无旁贷》，《幼儿教育》（教育科学版）2006 年第 4 期。

[2]　廖楚晖：《教育财政国内研究述评》，《经济学动态》2005 年第 3 期。

岁儿童提供免费的学前班教育（pre-school education）服务，一些州/省也开始为4岁儿童提供免费的半日服务。除了北欧国家之外，各国的幼儿家庭仍然需要支付一定的幼儿教育费用。根据政府、家庭在幼儿教育费用分担中所起的作用，本书将国际上幼儿教育费用分担模式概括为三种：一是政府和家庭并举，但家庭的作用更大；二是政府和家庭并举，但政府的作用更大；三是政府对家庭职能的替代。在这三种模式中，政府的财政经费投入作用在逐渐增大。

一　政府和家庭并举，但家庭的作用更大

在自由主义国家，如美国、加拿大和澳大利亚，对幼儿教育实行的政策是以市场为导向，支持私营机构发展的市场经济，政府干预只是在市场失灵时才发生。另外，亚洲的一些国家，如日本和韩国，由于其传统文化中将幼儿教育更多地视为是家庭的责任，因此政府对幼儿教育的财政经费投入较少，家庭需要负担较大比例的幼儿教育费用。

20世纪以前美国幼儿教育的发展是以民间自发、自下而上的形式创办和传播的，幼儿教育改革与发展的推动力不在政府，而是由有社会抱负和公民理想的启蒙者、知识精英与教育家推动的。20世纪初，出于美国化移民的政治目的，联邦政府也开始介入公立幼儿教育机构的发展。但是在20世纪初至50年代末，家庭在美国人的观念里才是儿童教育的核心，"它被认为是基本的也是最重要的教育机构，是道德养成和早期教育的最自然环境，是任何权利都不允许剥夺的最重要的教育场所"。[①] 美国的早期儿童教育与保育（early childhood education and care，ECEC）包含有很多形式，例如半日制、全日制、工作日制（full-work-day）

---

① 张宇：《美国联邦政府干预学前教育的历史演进研究》，博士学位论文，东北师范大学，2010年，第17页。

的项目及机构，由教育部门、社会福利部门和商业部门给予资金支持，创办有注重"保育"（care）或强调"教育"（education）的各种公立的与私立的早期教育机构。虽然越来越多的学者和倡导者们开始强调早期"教育"的重要性，或是强调保育与教育并重，认为这些多元的项目或机构类型应该整合，但是由于经费实行分项拨款，而且多元的社会价值观依然支持这种多样性，其结果就是，美国的早期教育与保育体系依然很分散。从项目或机构的类型来看，包括学前学校（内含有学前班、幼儿园、补偿教育项目和教育部负责的保育学校）、幼儿看护中心（通常被界定为项目，在非住宅区为儿童提供教育或保育，同时也包含有组织的团体项目例如"提前开端计划"）和家庭看护。美国的私立机构在承担幼儿教育的社会性服务方面起着重要作用。例如，2003年，83%的5岁幼儿进入了公立学前班项目，17%的幼儿进入了私立学前班机构。约有一半的幼儿就读于私立保育学校，而且家庭日间看护几乎都是私立的，绝大多数面向3岁幼儿的学前学校项目也都是私立的。2010年，美国约有41%的4岁幼儿和14%的3岁幼儿接受了幼儿教育，其中27%的4岁幼儿和4%的3岁幼儿就读于州政府举办的早期教育项目。[①] 因此，美国联邦政府对幼儿教育的财政经费投入比较具有局限性。2005年，联邦政府财政投入早期教育与保育的经费总额超过170亿美元。但是需要注意的是，由家庭支付给早期教育与保育的费用约占机构运营成本的70%。美国联邦政府资助幼儿教育主要表现在拨付儿童保育与发展资金（The Child Care and Development Fund）、儿童和受抚养人税收抵免（The Child and Dependent Care Tax Credit）、"提前开端计划"资金、社会服务整笔津贴（The Social Services Block Grant）、儿童与成人看护食品计划（The Child and Adult

---

① 王芳：《当前美国州立学前教育项目发展面临的挑战》，《比较教育研究》2012年第7期。

Care Food Program），以及扶助残疾儿童获得早期教育的联邦项目
等。联邦政府拨付给各州的"儿童保育与发展资金"主要用于
补贴有工作并且其家庭收入低于州收入中值85%的家庭，用于
其支付幼儿看护的费用，同时也用于提升幼儿看护活动整体的质
量和发展。2006年此项资金的联邦拨款超过50亿美元，州政府
的配套资金为22亿美元。美国《国内税收法》（*Internal Revenue
Code*）中规定的"儿童和受抚养人税收抵免"是与13岁以下
儿童的看护费用相关的一种非退还税收抵免政策。2005年的税
收抵免约为27亿美元。"社会服务整笔津贴"是联邦提供给各
种发展社会性服务的资金，绝大多数州都会至少提取其中的一
部分用于发展幼儿教育。"儿童与成人看护食品计划"为得到
许可的幼儿看护中心和家庭日间看护中的12岁以下儿童提供
餐费补贴。① 整体而言，美国联邦对于幼儿及其家庭的资助方
式较为多元，财政经费由健康和人类服务部（DHHS）、教育部
（DOS）联合管理与分配，幼儿家长一般得不到资助的现金。
有研究者调查了美国东北部六个州的幼儿教育财政经费投入情
况，结果显示，有一个州的财政经费仅占幼儿教育总费用的
5%，最高比例的一个州为57%。美国学龄前儿童家庭需要承
担剩余的幼儿教育费用。贫困家庭收入的18%需要用于支付幼
儿看护费用，其他收入水平家庭用于幼儿教育的费用约占收入
的7%。②

　　加拿大幼儿教育收费结构呈现市场化的特点，家庭需要支付
较高比例的幼儿教育费用。2004年，加拿大面向3—6岁儿童的

① Sheila B. Kamerman，"Shirley Gatenio-Gabel：Early Childhood Educa-
tion and Care in the United States：An Overview of the Current Policy Picture"，
International Journal of Child Care and Education Policy，2007，1（1）：23 -
34.

② OECD Country Note，*Early Childhood Education and Care Policy in the
United States of America*，2000.

幼儿教育财政经费投入占国内生产总值的0.2%。除了魁北克省和马尼托巴省以外，家庭需要支付幼儿看护成本的34%—82%。全国家庭（除了魁北克省）的幼儿教育平均花费约占教育成本的50%。一项有关加拿大幼儿看护中心的收入来源调查显示，49%的收入来自家庭的缴费，48%的收入来自政府的财政经费，还有3%来自融资、捐款等其他收入。加拿大主要采用需求方补贴的方式，依据家长的收入水平和相关的资助标准给予家庭幼儿教育补贴。由于家庭资助体系效率较低而且资助标准复杂、差别较大，仅能覆盖22%的单亲家庭和低收入家庭中5%的已婚母亲。[1] 加拿大并未显著扩大学前教育机构的服务体系，进入接受监管的学前教育机构的0—6岁儿童的比例低于20%。

多样性、差异性是澳大利亚幼儿教育服务机构的特征，这些特点也影响着政府对幼儿教育的管理和政策制定。联邦政府主要为"儿童看护中心"提供运营资金，为家长提供儿童看护费用补贴，由家长联合会、教会团体、当地政府或幼儿园联盟等组织举办的非营利性幼儿教育服务机构也能获得财政资助。1990年，澳大利亚工党政府将面向家庭的儿童看护补贴扩展到在营利性机构接受教育的儿童，刺激了私立幼儿教育服务机构的快速发展。为了进一步提高私立幼儿教育机构与社区部门举办的幼儿教育机构之间的竞争力，自1998年起，政府逐渐减少对"非营利性日间看护中心"和"校外看护机构"的直接运营补贴。[2] 2004—2005年澳大利亚儿童看护机构的情况是：营利性私立机构占绝大多数，为71%，另有26%为社区管理机构或

---

① Canada Country Note, *Early childhood Education and Care Policy*, 2004.

② OECD Country Note, *Early Childhood Education and Care Policy in Australia*, 2001.

非营利性看护机构，政府负责的儿童看护机构仅占3%。① 2000年澳大利亚制定了新的"儿童看护津贴"政策，主要面向符合标准的幼儿教育机构中的低收入和中等收入家庭发放，资助比率依据家庭的收入水平、家庭中的适龄儿童数量、家长的工作时间和看护机构的具体情况而定。实施"儿童看护津贴"政策以后，澳大利亚低收入家庭支付的幼儿看护费用普遍低于家庭收入的10%，并且高收入家庭也能够获得最低标准的儿童看护津贴补助。

2008年，日本和韩国的幼儿教育财政投入分别占幼儿教育总费用的43.5%、45.5%。日本针对3—6岁儿童的幼儿教育机构主要有两种：一种是每天开放4小时的幼儿园（Kindergarten），另一种是每天开放8小时的日间看护中心（Day-Care Center）。2007年，日本就读于私立幼儿园的幼儿总数是公立幼儿园人数的4倍，私立日间看护中心的幼儿数是公立日间看护中心人数的1.1倍，也就是说，约有65.5%的日本适龄儿童就读于私立幼儿教育机构。日本公立幼儿教育机构主要由市政府提供经费，对私立幼儿教育机构的财政支持分为文部科学省的日常开支补贴和厚生劳动省的预算经费。文部科学省通过市级部门对私立幼儿园进行日常开支的补贴；厚生劳动省在对私立日间看护中心的预算中，1/2来自中央政府，1/4来自县政府，市级政府支付剩余的1/4。②

韩国的幼儿教育体系分为"教育"和"看护"两部分。幼儿园是为3—5岁幼儿提供服务的官方教育机构；幼儿看护机构起源于过去的儿童福利组织，主要为贫困家庭提供支持，减轻有

①　Child Care Provision in Australia, http://www.oecd.org/education/school/45523281.ppt.

②　ECEC System in Japan, *Ministry of Education, Culture, Sport, Science and Technology-Japan*, http://www.mext.go.jp/english/.

偿劳动力市场中妇女的负担。2008年，韩国3—5岁幼儿接受机构教育的比例为88.2%，其中有33%的幼儿就读于幼儿园，绝大多数幼儿在看护机构。韩国幼儿教育发展缓慢的一个原因是，韩国政府将早期教育视为私人领域，而不是公共责任。韩国公共政策中将促进幼儿园发展视为私营企业需要着重考虑的问题。私立幼儿教育的提供者主要在大城市的中心设立幼儿园，特别是面向能够支付得起费用的中产阶级家庭。针对这样的现象，韩国教育部主要在农村地区设立了公办幼儿园。虽然2003年韩国公立幼儿园（50.8%）的比例略高于私立幼儿园（49.2%），但是私立幼儿园拥有全国72%的幼儿班、79%的幼儿教师和78%的在园幼儿，其服务对象的数量远远高于公立幼儿园。因此，韩国的幼儿园教育仍然主要依靠私立教育资源。私立幼儿看护中心包括由政府支持的合法企业所创办的幼儿机构，约有15%的私立幼儿看护中心在运营过程中得到了财政支持，其余85%的看护中心主要依靠家庭支付的费用维持运营。从不同收入来源的幼儿看护中心的在园幼儿数量来看，有32%的幼儿就读于财政经费支持的机构，68%的幼儿就读于全部由家庭缴费的看护中心。整体而言，韩国学龄前儿童（5岁儿童除外）中超过80%的幼儿就读于私立教育机构。从城市与农村的差别来看，农村3—5岁幼儿进入公立幼儿园的比例约为1/3，6.3%的幼儿进入了私立幼儿园；而城市中的幼儿进入公立幼儿园的比例仅为5.3%，进入私立幼儿园的比例为24.3%。上述数据显示出韩国政府公共财政重点支持弱势群体的特点。韩国政府2008年对于幼儿教育的财政经费支持约占国内生产总值的0.18%，中央政府提供预算的30%左右，16个地方政府提供剩余70%的经费。家庭缴纳的学费由市场力量进行调控，虽然韩国经济部规定幼儿园每年的费用增长不能超过学费的5%，但是很多幼儿园通过附加收费体系向幼儿家庭收取额外费用。韩国一些协会组织的调查显示，低收入家庭支付幼儿园或儿童看护中心的费用平均占家庭收入的

30%—50%，最低为20%，最高达到80%。[①] 但是，随着韩国政府对幼儿教育的关注度不断提高，韩国保健福利部和教育科技部于2012年3月推出了一项旨在使每个3—5岁幼儿获得平等的保育教育机会的民生福利政策——"Nuri项目"。该项目在财政方面规定由地方政府拨款补助每一位3—5岁幼儿的保育与教育费用，基本实现3—5岁儿童保育教育免费。政府补助的金额标准是依据韩国社会普通收入家庭的保育养育费用支出金额而制订的，因此能够满足多数家庭的幼儿养育支出需要，并且每位幼儿每月的补助金额在逐年递增。根据3—5岁幼儿的受教育机构类型不同，居民申领财政补助时的申领名目有三种：子女在保育园就学的，可以申领幼儿保育费；子女在幼儿园就学的，可以申领幼儿园学费；子女没有送到任何一种学前教育机构而是在家庭中抚养的，也可以申领养育津贴。[②] 因此，虽然幼儿家庭申请的补助名目有所不同，但是几乎每个适龄幼儿家庭都能获得财政补助，而且补助金额并无明显差别。

二　政府和家庭并举，但政府的作用更大

在英国、法国等西欧国家，政府承担着幼儿教育费用分担的主要责任。政府通过将幼儿教育财政经费直接拨付给提供保育与教育服务的托幼机构和社区，用于幼儿进入托幼机构以后的生活和学习开支，而幼儿家庭能够获得的财政资助很少。

英国幼儿教育的普及程度较高，4—5岁幼儿进入合格幼儿教育机构的比例为100%，3—4岁幼儿接受教育的普及率为96%，98%的4岁幼儿能够进入免费的保育教育机构接受至少每

---

① OECD Country Note, *Early Childhood Education and Care Policy in the Republic of Korea*, 2004.

② 常颖：《韩国学前教育改革新声："Nuri项目"的提出与推进》，《教育导刊》（下半月）2013年第4期。

天 2.5 小时的服务。① 英国的幼儿教育也分为"教育"和"看护"两种类型。1999 年，面向 3—4 岁幼儿的教育服务提供者主要是地方教育当局（59%），其次是私人机构（30%），社区和志愿组织举办的机构约占11%；3 岁入园幼儿中有54%的幼儿进入了私立机构和志愿组织举办的教育机构。而面向 3—4 岁幼儿的看护机构主要由私立机构开办，大多是部分时间开放，家庭承担主要费用。② 2008 年英国对幼儿教育的财政投入占国内生产总值的 0.28%。幼儿教育费用中的 84.5% 来源于公共经费，15.5%来自私人缴费。英国幼儿教育财政经费在帮助贫困家庭幼儿接受保教服务方面发挥着显著的作用，政府采取将幼儿教育相关预算在财政经费预算中单列的方式，以保障财政经费的稳定投入。幼儿教育机构的资金由中央政府拨款至地方教育当局，再由地方教育当局按照不同幼儿园、托儿所在园幼儿的人数和年龄，拨发相应数额的款项。幼儿教育财政经费支出的项目以幼儿接受各种形式的保教活动时所需要的生活、学习必备条件为主，例如提供幼儿保教场所、设施设备、教学人员及幼儿在托幼机构中生活和学习所需的基本物品等。按照项目投入财政经费是英国的特色。③ 长期以来，英国地方当局既负责提供托幼服务，又负责托幼服务的规范与管理，缺乏"第三方"的监督机制。经过多次协商后，英国政府于 1999 年 8 月宣布由独立于教育与技能部的非部级单位——教育标准办公室（Office for Standards in Educa-

---

① OECD, *Starting Strong Ⅱ*: *Early Childhood Education and Care*, 2006.

② OECD Country Note, *Early Childhood Education and Care Policy in the United Kingdom*, 2000.

③ Mr. Patrick Curran, Christine Pascal and Dr. Tony Bertram, *The OECD Thematic Review of Early Childhood Education and Care*: *Background Report forthe United Kingdom*, Department of Education and Employment, National Childminding Association, 2000.

tion，OFSTED）负责制定全国统一标准的幼儿教育服务机构质量规范及机构的注册和督导检查工作等，形成了"第三方"监督机制。2001 年 9 月起，所有的托幼机构都要接受教育标准办公室的监督，并在各个地区建立起地方性的教育质量督导网络。所有的早期教育机构只要能够达到教育标准办公室制订的课程目标，都有资格获得政府的财政支持。目前，英国早期教育的供给形式呈现多样化，有保育学校、托儿班、学前班等，都能够获得政府拨款。与此同时，英国的财政经费运作机制还引进了项目管理、民间基金会、教育券、税收调节等现代市场投资的管理方法，[①] 希望结合政府规制与市场调节这两种手段，充分发挥财政经费的效力。英国幼儿教育财政投入的特点是，政府采用保基本同时抓重点的策略，一方面保障了广大幼儿能够接受有质量、最基本的保教服务，同时又对需要帮扶的弱势地区及弱势群体幼儿提供倾斜性的保护政策，既面向全体又给予弱势群体以特别照顾。

　　在法国，资助幼儿教育服务机构主要是国家的责任。法国《学校法》明确规定"幼儿学校实行免费教育"。[②] 免费的"母育学校"（maternal school）或"学前学校"（pre-school）已经正式成为小学体系的一部分，由教育部主办，覆盖全部 3—5 岁幼儿和 35% 的 2 岁幼儿。[③] 对于面向 3—5 岁幼儿的学前学校，法国中央政府提供教师工资，地方政府则主要提供设施、行政管理和其他服务的花费。托儿中心的财政经费则由中央政府（36%）、相关部委（47%）和地方政府（17%）分担。法国

　　① 蔡迎旗：《国外幼儿教育财政资金的配置类型、政策及其启示》，《上海教育科研》2006 年第 9 期。

　　② 中华人民共和国教育部国际合作与交流司：《世界 62 个国家教育概况》，首都师范大学出版社 2001 年版，第 341 页。

　　③ OECD Country Note, *Early Childhood Education and Care Policy in France*, 2004.

幼儿教育费用以政府财政投入为主体的一个重要体现是，政府负责保障公立教育机构和部分私立教育机构的幼儿教师工资、年金和退休金等。[①] 法国根据家庭子女数目的不同规定了家庭支付幼儿教育费用的上限，有一个孩子的家庭支付幼儿教育费用的上限是占家庭收入的12%，有两个孩子家庭的幼儿教育支出占收入的上限是10%，有三个孩子家庭的幼儿教育支出占家庭收入的上限是7.5%。在幼儿看护费用方面，家庭支付23%—28%。整体而言，法国政府在幼儿教育费用方面分担了更大的比例。

意大利于1968年颁布了第444号法令，从而宣告意大利普及性幼儿教育制度的正式建立，为政府提供幼儿教育财政经费奠定了法律基础。意大利444号令第一次规定了3—6岁幼儿在幼儿园注册是非强制性的，但就读是免费的。意大利公立幼儿园是免费的，政府给予大量的财政拨款维持此类幼儿园的运营。以2005年为例，意大利幼儿教育机构总支出占国内生产总值的0.44%，其中88.8%的支出费用来自财政拨款。就整个公立教育系统而言，公立幼儿教育经费约占各级政府教育总拨款的9%。意大利幼儿园阶段的生均财政拨款只是略少于其他受教育阶段，约占其他受教育阶段生均财政拨款的75%。家庭支付的幼儿教育费用根据幼儿教育机构所处的教育体系和地理位置的不同而存在差别。家庭支付公立幼儿园的费用很低，主要支付幼儿的膳食成本；教会举办的幼儿学校收费水平中等；私立幼儿园的收费较高。[②]

免费普及幼儿教育是许多国家和地区的政策目标，尤其是在

---

① 沙莉、庞丽娟：《明确学前教育性质，切实保障学前教育地位——法国免费学前教育法律研究及其对我国的启示》，《学前教育研究》2010年第9期。

② OECD Country Note，*Early Childhood Education and Care Policy in Italy*，2001.

欧洲，并且绝大多数国家已经实现了这个目标。然而，幼儿教育服务通常是部分时间开放或学期性开放，很多家庭仍然需要支付其他时间段的额外看护费用。因此，如果幼儿家庭收入较低的话，还需要依靠其他的财政补贴措施以提高他们的经济负担能力。

三 政府对家庭职能的替代

丹麦、瑞典和挪威等北欧社会民主主义国家，有着政府公共供给幼儿教育的传统，强调幼儿教育的制度性和普遍性，将提供幼儿教育服务作为劳动力市场的个人附加服务。社会民主主义强调："'民主'不只是个人的自由，也同时包含免于被歧视、机会均等和不要让控制生产工具的资本家滥用政治权力"；"'平等'意味着在法律面前人人平等，而且基本的经济、文化、社会平等是每个人个性和社会发展的前提，同时也要给予身心残障和其他社会条件不佳的人以平等机会"；"最后，要团结起来同情那些遭受不公正和不平等待遇的人"。① 北欧高福利国家对幼儿教育的财政支持基于两种形式：一是在不考虑幼儿家庭社会经济背景的情况下，全面提供免费的幼儿教育服务；还有一种情况是，家庭支付幼儿教育的费用依据父母亲的收入水平而定，一般不超过幼儿教育成本的33%。

丹麦的幼儿教育费用主要来自地方税收、整体补贴和家庭缴费。以2004年为例，丹麦的幼儿教育财政经费约占国内生产总值的2.1%。幼儿教育经费中的整体补贴通常不是专项拨款，而是由中央政府拨款给地方当局，再由地方当局拨款给日间看护机构，财政经费投入至少是日间看护机构教育成本的66%。② 家庭

---

① 社会民主主义（维基百科），http：//zh. wikipedia. org/wiki。

② OECD Country Note, *Early Childhood Education and Care Policy in Denmark*, 2001.

缴纳的费用依据家庭经济收入的不同而存在差别，家庭支付费用的上限是幼儿教育成本的 30%—33%，低收入家庭的费用支出会更低一些。平均而言，家庭支付的幼儿教育费用约占幼儿教育成本的 22%。[①]

瑞典政府将近 1/3 的财政性教育经费投资于幼儿教育。[②] 2004 年，瑞典的幼儿教育财政经费占国内生产总值的 1.9%，其中 67% 的幼儿教育财政经费投入到"学前中心"（pre-school centre），15% 分配给"家庭日间看护"（family day care），18% 用于"闲暇时间中心"（leisure time centre）。瑞典幼儿教育财政经费的 60% 是通过地方税收提供的，另外 40% 由中央政府通过整笔拨款的方式拨付给市政当局来弥补地方教育经费的不足。[③] 瑞典政府拨付的生均幼儿教育财政经费在 OECD 国家中位居第二，仅低于丹麦，2004 年的人均幼儿教育财政经费为 12097 美元。家庭仅需要支付幼儿教育成本的 9% 左右，相当于平均家庭收入的 2%。[④]

挪威 2003 年对 0—6 岁儿童的学前教育财政投入占国内生产总值的 1.7%（这里不包含儿童补助金）。挪威几乎所有的幼儿服务机构都能获得政府的财政经费支持，无论是公立还是私立机构。0—6 岁儿童家庭支付学前教育的费用不超过教育成本的 20%。[⑤]

芬兰的学前学校主要由国家和自治市负责，每天供应一次免

---

① OECD, *Starting Strong Ⅱ*: *Early Childhood Education and Care*, 2006.

② 杨佳:《瑞典学前教育的改革及启示》,《长江论坛》2008 年第 1 期。

③ Gunnarsson, L. Martin Korpi, B. and Nordenstam, U., *Early Childhood Education and Care Policy in Sweden*, *Background report prepared for OECD thematic review of early childhood education and care policy*, 1999.

④ OECD, *Starting Strong Ⅱ*: *Early Childhood Education and Care*, 2006.

⑤ Ibid. .

费的膳食，并提供学习材料。芬兰政府的教育拨款约占服务机构全部成本的57%，经费直接拨付给供应方。私立机构也能获得公立学前学校生均经费的90%。① 政府除了承担起绝大部分的学前教育经费投入之外，还制定有财政补助体系，构建起较完善的社会保障网，以便对幼儿的生活和学习提供全方位经济支持。芬兰儿童可获得的福利资金包括儿童补贴、生计补贴、父母补贴、儿童家庭看护补贴、房屋补贴、日间看护和私人看护补贴等。国家为了保证对每一位儿童财政资助的公平性，设计了以家庭为基础的幼儿教育财政补助体系。这样的财政支出结构将财政经费多渠道地分配给各种类型的幼儿教育机构、社区以及幼儿家庭，覆盖面较广、受益群体更多。但是这种财政经费配置方式因其投入目标分散，因此需要更多的监管费用。同时，发放过多的家庭福利补贴也容易导致家长不愿意送子女进入托幼机构接受教育服务，对幼儿入园缺乏激励作用。

第三节　各国政府分担幼儿教育费用的方式

　　家庭作为幼儿教育费用分担中的受动方，政府的财政经费投入数量和投入方式才是影响幼儿教育费用分担比例变化的主体。国际上对于政府有责任关心和帮助幼儿接受早期教育与保育（ECEC）服务已达成共识。欧盟委员会保育协作组织（the European Commission Network on Childcare）在1996年建议，欧洲各国应该至少把GDP的1%投入早期教育与保育事业。但是根据OECD各国2004年的财政投入数据显示，各国在幼儿教育上的公共经费投入均不足本国GDP的1%，其中丹麦和以色列的幼儿

---

① OECD Country Note, *Early Childhood Education and Care Policy in Finland*, 2001.

教育财政投入约占 GDP 的 0.9%, 匈牙利的财政投入占 GDP 的
0.8%, 美国、英国的财政投入比例为 0.4%, 澳大利亚的财政
投入比例为 0.1%。[①] 在亚洲范围内, 日本、韩国和中国香港特
区对于幼儿教育的公共经费投入占 GDP 的比重分别为 0.1%、
0.16% 和 0.12%。[②] 由此可见, 各国/地区政府对幼儿教育的财
政经费投入仍然是有限的。在幼儿教育资源有限的情况下, 财政
性教育经费的分配方式更能显示出政府发展幼儿教育的目标重
点。国际上关于采用何种方式财政支持幼儿教育更为有效尚未达
成一致的看法, OECD 各国的财政经费投入方式也有很大不同。
概括而言, 各国政府对幼儿教育的财政经费投入方式主要分为两
类: 一类是向幼儿教育的需求方——家庭提供补贴, 另一类是向
幼儿教育的供给方——托幼机构提供财政支持。政府对托幼机构
的财政支持又可以根据机构的公、私营性质划分为两种类别, 表
现为直接供给和委托供给两种方式。

　　从需求方角度提供经费支持的国家, 将幼儿教育财政补贴直
接发放到家长手中, 允许家长较自由地选择何种幼儿教育机构是
最适合自己孩子的。政府只是在特殊情况下才予以干预, 例如对
低收入家庭或处境不利家庭的幼儿给予更多形式的帮扶。各国政
府对幼儿及其家庭的资助方式日益多样化, 一般采用现金、教育
券、税费减免等形式。以现金支付的儿童补贴是使用最广泛的一
种形式, 例如丹麦的"自由选择计划"(free-choice schemes) 是
由地方政府支付助学金补助就读于私立日间托幼机构的儿童。澳
大利亚几乎所有在合法幼儿教育服务机构接受教育的孩子都可以
获得国家性"儿童看护津贴"(Child Care Benefit), 同时低收入
家庭得到的资金补贴更高一些, 而且幼儿就读于正规服务机构的

---

① OECD, *Education at a Glance 2007*, 2007.

② 周兢、陈思、郭良菁:《国际学前教育公共经费投入趋势的比较研究》,《全球教育展望》2009 年第 11 期。

家庭补贴较高，接受非正式服务的家庭所得补贴较低。中国台湾地区发放幼儿教育券的对象是年满 5 岁、就读于私立幼稚园和托儿所、户籍在本地超过一年以上的儿童，由政府将幼儿教育券邮寄给家长，在幼儿入园注册时抵免同额学费。税费减免政策包括税费返还和税费抵免两种，例如比利时、卢森堡、荷兰、挪威采用"税费返还"（Tax deduction）方式，英国对有工作或有残疾人的家庭实行税收抵免（Working Families Tax Credit and Disabled Persons Tax Credit），美国还实施了"依附性看护税费抵免"（Dependent Care Tax Credit）。需求方补贴体系的劣势主要在于经费管理成本的耗费。财政资金从政府流向管理中心的过程以及经费的监管过程均需要数额可观的管理成本。政府每年还需要对众多的补贴申请进行评估和审批，审查那些申请财政拨款的管理机构是否是注册合格的、是否正在发放儿童教育补贴，以确保政府财政经费的恰当支付。对于幼儿教育机构来说，需求方补贴有可能导致较大的入园人数波动，从而增添对新学期教育规划的困难，幼儿教育机构的管理者需要考虑当幼儿入园率下降时的教职工安置和工资支付问题。需求方补贴通常是一种低成本的幼儿看护服务补助，由于补贴金额设定在较低水准，绝大多数家庭无法仅用这些补贴来负担专业人士认可的高成本、高质量的幼儿教育服务。澳大利亚的相关研究也表明，虽然"儿童看护津贴"起到了一定作用，但是这种经费投入方式并不足以确保幼儿教育的质量。[1] 从提高家庭支付幼儿教育的负担能力来看，有研究表明，费用补贴和税收减免等需求方补贴更可能以差价、行政性障碍、支付费用与获得补贴的延迟、排斥非缴纳税费家庭等方式，增加家的成本负担。一些国家的经验也表明，需求方补贴管理的复杂性阻碍了符合资格的家庭申请幼儿教育费用补贴。而供给

---

① Gordon Cleveland, Michael Krashinsky, *Financing ECEC Services in OECD Countries*, 2003.

方补贴更能鼓励儿童接受幼儿教育服务的参与程度，起到减少家庭支出费用的作用。

面向供给方的财政经费投入能够给予幼儿教育机构稳定的资金，优化教职工的工作环境，使教师工资和培训标准化，政府也能够更好地规划幼儿教育机构的规模和布局。这种供给方补贴一般会限定幼儿教育机构的类型，因此，那些选择其他类型教育机构的家庭将享受不到财政补贴。获得补贴的幼儿教育机构必须以低于市场的价格（在某些情况下是免费）向幼儿及其家庭提供服务。政府财政拨款的经费数目是根据服务机构的运营成本、幼儿的在园时间以及当地的社会经济情况而定的。面对幼儿教育供给方的补贴选择，政府需要在直接供给的效率问题和委托供给产生的代理问题之间做出权衡，既可以由各级政府的公共部门直接拨款给公立幼儿教育机构，也可以向那些符合标准的私立教育机构提供经费补助。从根本上来讲，幼儿教育供给方式决策的主要依据是"交易成本"的大小。从信息角度来看，尽管由于信息的不对称性，家长很难对幼儿教育服务的质量标准有准确的认识，但是，他们却普遍认为公立的、被高度管制的幼儿教育机构是值得信赖的。[1] 在信息不完备的市场上，政府和家长可能无法对其购买的幼儿教育服务进行监控，这时，市场机制很可能是无效的。非营利性机构虽然缺乏利益驱动可能会产生低效率，但是它所提供的教育服务质量却更可信。这便可以解释为什么家长都倾向于选择公立机构提供的幼儿教育服务。如果政府选择补贴私立教育机构，事实上是将幼儿教育的供给权委托给私人部门。此时还需要考虑一个问题：营利性私立教育机构是否有资格获得补贴，还是政府只应该补贴非营利性私立教育机构。即使选择只补贴非营利性私立教育机构，还需要考虑，这些机构需要在多大程

---

① 曾晓东、张丽娟：《OECD 国家早期教育与服务财政支出研究》，《比较教育研究》2007 年第 11 期。

度上接受家长委员会的管理，董事会在多大程度上能够独立于家长的直接控制。[1]

一　政府财政投入公立幼儿教育机构

大多数欧洲国家的公立幼儿教育机构占本国幼儿教育机构总数的60%—70%以上。[2] 政府财政支持公立幼儿园是各国政府对幼儿教育进行财政投入的公认做法。在这些公办性质的教育机构中，政府（中央、州或地方）直接向机构拨付财政经费，资金数额与机构内的幼儿数目相联系。从政府财政投入幼儿教育机构的项目结构来看，以基本建设经费和运营经费为主，具体包括基础设施建设与维护费、机构运作费、购买固定设备和相关器材的费用、教职工的工资、为有特殊需要的儿童所提供的额外教育服务费用、为提高教育质量或实现其他公共目标而支出的费用，以及幼儿教育机构的管理、规划、评价和教师培训等开支。[3] 美国公立幼儿教育机构中教师的工资是由政府财政支付的，政府还为儿童提供免费的营养午餐。日本和韩国的公立幼儿园教师都归属于公务员编制，拥有较高的社会地位和工资待遇，幼儿教师这一职业享有全社会的羡慕与爱戴。[4] 日本国立和公立幼儿教师工资比一般国家公务员高出20%左右，并且普遍高于私立机构的幼儿教师。意大利对公立幼儿教育机构的财政支持主要通过市政当局支付教师工资（与小学教师的工资相同），购买玩具器材、教学材料等费用。

---

① Gordon Cleveland, Michael Krashinsky, *Financing ECEC Services in OECD Countries*, 2003.

② Ibid..

③ 李召存、姜勇、史亚军：《国际学前教育公共经费投入方式的比较研究》，《全球教育展望》2009年第11期。

④ 童宪明：《美国、日本、韩国幼儿教育政策法规的特点及启示》，《教育导刊》2010年第10期。

法国的公立幼儿教育机构对3岁半至6岁的幼儿实行全日制免费教育，在招收对象上不以幼儿家庭的经济状况为依据，贫困家庭的儿童可以享受公立幼儿教育机构所提供的高质量教育。这不仅减轻了贫困家庭父母的经济负担，而且为幼儿提供了平等的受教育机会。[①] 很多国家对公立幼儿园的招生对象是有条件要求的，主要面向低收入家庭的子女。例如，美国公立幼儿教育机构由联邦政府、州有关部门、大学、军队、教育慈善机构提供经费，均为非营利性质。但是公立幼儿教育机构数量较少，仅占美国学前教育机构中的一小部分。因此，政府出资设立的这些幼儿教育机构一般接收低收入家庭的子女免费入学，只是在机构尚有空额的时候才有偿接收非处境不利的儿童。韩国也采取将财政经费重点投入公立幼儿教育的政策，同时规定公立幼儿园采取排富招生的原则。以2002年为例，韩国将69.1%的幼儿教育财政经费投入公立幼儿教育机构，并且规定公立幼儿园为低收入家庭的孩子减免学费，或提供学费补助。日本的国立与公立幼儿园由国家和地方行政当局出资较多，在这一点上，私立幼儿园可以说是望尘莫及。公立幼儿园的财政经费分担比例于1976年达到88.5%，1980年为86.3%，由家庭支付的费用分别占11.5%和13.7%。与此形成对比的是，私立幼儿园的财政经费分担比例在1976年仅为10.2%，1980年虽稍有增加但是仅达到19.9%，而家庭支付的费用分别达到79.6%和68.1%，其余费用由举办者出资。到1990年，该年度日本公立幼儿园平均每个幼儿的家庭教育费用总支出为195142日元（其中幼儿园保教费用支出为102840日元，占52.7%；支出的幼儿园伙食费约为14245日元，占7.3%；支出的家庭教育费用约为78057日元，占40.0%）。私立幼儿园每个幼儿的平均家庭教育费用支出总额为368903日元（其中幼儿园

---

① 龚婷婷：《法国、美国和日本儿童福利的发展及其启示》，《教育导刊》（下半月）2010年第3期。

保教费用为 229827 日元，占 62.3%；在幼儿园的伙食费为 18445 日元，占 5.0%；支出的家庭教育费用约为 120631 日元，约占 32.7%）。即公立幼儿园中平均每个幼儿的家庭需支付幼儿园保教费用 102840 日元/年，私立幼儿园的费用为 229827 日元/年，私立幼儿园保教收费是公立幼儿园的 2.2 倍左右。若从整个家庭支出教育费用总额的角度来看，私立幼儿园中幼儿家庭的费用支出也是公立幼儿园幼儿的 2 倍左右。从幼儿教育费用支出占家庭收入（家庭工资收入只计算男性的工资收入，女性的未计算在内）的比例来看，公立幼儿园幼儿的教育费用支出约占收入的 1/30，私立幼儿园幼儿的教育费用支出约占收入的 1/16。[①]

二　政府财政支持私立幼儿教育机构

私立幼儿教育机构从举办主体来说是由私营部门或私人创办的，但是其提供的教育服务同样满足了公众的需求，事实上分担了政府的部分责任。因此，政府对私立机构实行财政资助，有助于不同类型的幼儿教育机构之间、就读于不同类型幼儿教育机构的幼儿之间享有较公平的财政经费。世界各国对私立托幼机构的直接财政拨款项目较少，在 OECD 的 19 个国家和地区中，只有 6 个国家提供直接的财政资助，包括澳大利亚、新西兰、加拿大、葡萄牙、英国和美国。[②]

政府通常会设立一定的标准要求，对愿意接受财政支持的私立幼儿教育机构进行评估。通过对私立幼儿园采取带有引导性的财政拨款方式，以支持私立幼儿园发展，提高教育质量。例如，英国的私立幼儿教育机构数量约占 30%，教育标准办公室会对

---

① 李永连、李秀英：《当代日本幼儿教育》，山西教育出版社 1997 年版，第 78 页。

② Gordon Cleveland, Michael Krashinsky, *Financing ECEC Services in OECD Countries*, 2003.

这些私立幼儿教育机构进行教育质量评估，只要机构提供的服务能够达到政府规定 3—5 岁年龄阶段幼儿的教育目标，就可以通过提供幼儿就读学位而获得政府的财政经费支持。[①] 英国政府从1998 年到 2003 年共为私立托幼机构及志愿者团体所办的托幼机构投入 4.7 亿元财政资金。[②] 新西兰为私立幼儿园提供有普遍的财政资助以提升其质量，服务机构可以依据幼儿的在园时间、幼儿年龄、机构类型的不同而获得相应标准的补贴。私立幼儿教育机构申请财政资助必须符合两项基本条件：首先，必须是正规举办拥有资格许可证的幼儿教育机构；其次，在资金监管方面，必须提供机构的年度审计报告。另外，服务时间方面如果能够达到每周开放 30 小时、每天开放 6 小时，这些私立幼儿教育机构就可以申请最高金额的补助。补助金额是依据幼儿教育机构的质量等级、招收幼儿的年龄等具体情况而确定的。例如，新西兰1997 年的补助政策提出，幼儿教育机构按照每生每小时获得3.24 新西兰元的标准核定补助金额，提供高质量幼儿教育的机构可以得到 11% 的经费追加。[③] 美国的"儿童营养和 WIC 项目"（The Child Nutrition and the Special Supplemental Food Program for Women, Infants and Children）也包含财政支持私立教育机构，但是这些机构必须是服务于 13 岁以下的低收入家庭子女，并且具有非营利性质。[④] 澳大利亚的公立幼儿教育机构较少，政府鼓励私立幼儿园的直接财政资助包括"私人供给奖励"（Private Pro-

---

① 周燕：《幼儿教育供给方式探讨》，《中国人口报》2010 年 11 月 15日第 3 版。

② 刘焱：《英国学前教育的现行国家政策与改革》，《比较教育研究》2003 年第 9 期。

③ 陈振：《OECD 国家幼儿教育投入机制对我国的启示》，《当代学前教育》2009 年第 6 期。

④ 蔡迎旗：《幼儿教育财政投入与政策》，教育科学出版社 2007 年版，第 159 页。

vider Incentive）和"供方运营补贴"（Operational Subsidies to Providers），旨在鼓励私人在政府许可的、需要开办儿童看护中心的地区提供幼儿教育服务，财政补助达到标准的私立幼儿教育机构的运营费用。[1] 自 2001 年起，澳大利亚联邦政府允许私人经营者申请获得政府直接拨付的财政经费，可以将经费用于购买设备或作为机构的建设资金。政府财政以多种形式支持私立幼儿教育机构，在保障私立幼儿教育机构经济利益与服务质量的基础上，为就读于这些机构的幼儿家庭减轻了费用负担，缩小了公立、私立幼儿园之间家庭缴纳费用的差别。在澳大利亚，如果社区学前机构（community pre-school）登记为享受"儿童看护津贴"的机构，其收费标准是受到管制的。

　　政府对私立幼儿教育机构的财政投入以生均补贴和税收减免为主。在美国，私立幼儿教育机构广泛存在，并且所占比重较大。联邦政府或州政府通常都会给予私立幼儿教育机构一定金额的经费资助或者对其税收实行优惠。那些通过市教育局相关考核的私立幼儿园，每接收一名入学幼儿，幼儿园每年可得到市政府的教育拨款 3300 美元。[2] 在法国和日本，私立幼儿教育机构可以享受税收减免等优惠政策以对其实行间接性的经费支持。爱尔兰自 1994 年在中央教育与科学部设立了"早期开端"项目后，参加该项目的全日制幼儿教育机构不仅每年能够得到按注册儿童数计算的生均财政补助金用于机构的日常运营支出，包括供热、供电、卫生、保险、日常设备维修和保养等；而且机构能够获得 11428 欧元（半日制机构减半为 5714 欧元）的启动金用于购买所需的设备，以后每年再追加拨款 2539 欧元（半日制机构为

---

　　[1]　蔡迎旗：《幼儿教育财政投入与政策》，教育科学出版社 2007 年版，第 159 页。

　　[2]　刘明远：《美国幼儿教育的基本走向》，《幼儿教育》2004 年第 4 期。

1524 欧元）用于教学材料和设备的购买，另外每年还能获得 1905 欧元（半日制机构为 952 欧元）的补助金作为鼓励父母参与幼儿教育的经费。

从私立幼儿教育机构的营利性质与非营利性质来看，加拿大政府的财政补贴不仅面向非营利幼儿教育机构，而且逐渐扩展到受规制的营利性商业看护机构。澳大利亚联邦政府对营利性、非营利性的儿童保育中心也都给予财政资助。社区设立的临时或全日制保育中心如果符合政府制定的标准，也享有获得资助的资格。但是，营利性机构一旦能够获得财政补贴，它就会有动机去运作资本从而获得市场的控制权，形成垄断地位。这时，需要政府在反垄断法的框架下采取一定的管制措施。在澳大利亚，ABC 发展性学习中心（ABC Developmental Learning Centres）这个私立学前教育机构已经占据了约 25% 的幼教市场份额，主要为 0—5 岁的儿童提供日间看护服务，每年可以获得政府拨发的幼儿看护津贴 8850 万美元。这个机构在悉尼和纽约证券交易市场相继上市，并且不断并购相关产业，引起了澳大利亚幼儿教育政策制定者的极大关注。2008 年，ABC 发展性学习中心清盘，政府一次性资助 2400 万美元支持其中的一些看护中心经营至 2008 年底。2009 年非营利性财团"良好开端"（Good Start）有限公司收购了 ABC 学习中心，目前经营着澳大利亚近 650 个私立学前教育机构，形成了政府、非营利机构、私人投资者三方合作的新形式。① 经过非营利性财团的调整，目前澳大利亚日间看护机构的结构为：私人管理中心占 64%，社区管理或营利性中心占 34%，政府管理中心的比例约为 3%。ABC 公司瓦解后，澳大利亚政府决定在批准大型日间看护中心的供应商获得儿童看护津贴之前，对其进行财务可行性评估，并且每年都要重新评估。ABC 学习集

---

① Wikipedia，ABC Learning. http：//en. wikipedia. org/wiki/ABC_ Learning.

团的失败提醒我们，政府应该对幼儿教育集团的经济行为进行规制，实现政府与市场在幼儿教育市场中的共存。

三　政府财政补贴幼儿教育弱势群体

大部分国家对有困难的幼儿家庭会采取教育费用减免的资助方式，对处于一定经济水平之下的低收入、多子女或有特殊需要儿童的家庭给予不同程度的学费及其他费用减免。政府通过财政经费拨付、补贴、减税等方式，对主要招收低收入家庭子女的幼儿教育机构，或位于贫困乡村的幼儿教育机构给予重点资助，鼓励教育机构提供特定的幼儿教育服务，保证这些特殊群体儿童获得幼儿教育的机会。为了帮助少数民族家庭和贫困家庭的子女享有幼儿教育的权利，美国联邦政府拨付专款设立了专门面向这些弱势群体幼儿的公共教育机构并提供免费的幼儿教育。日本为了鼓励低收入家庭送子女进入幼儿园接受早期教育，不仅减免幼儿的保育费用，而且向家庭发放入园奖励金。德国和法国都非常重视财政扶持穷人居住区和偏远地区的幼儿教育，在维护教育公平的理念下，政府着重在这些地区设立公办幼儿园或托儿所并给予运营经费或师资支持，使其办园条件与其他地区无显著差别。这些幼儿园或托儿所的收费标准是依据家庭的收入情况来确定的，高收入家庭缴纳的费用相对较高，而低收入家庭缴纳的费用相对较少。[①]

纵观世界各国针对处境不利幼儿及其家庭提供的财政经费支持路径发现，存在着两种不同的模式：一是通过财政经费转移和税收再分配政策，例如实行育儿津贴、教育券、税收减免等措施补贴弱势儿童家庭；二是通过国家专项计划的形式直接保障处境不利的幼儿享有保育与教育服务的机会。

---

① 周燕：《幼儿教育供给方式探讨》，《中国人口报》2010 年 11 月 15 日第 3 版。

（一）补贴弱势儿童家庭

澳大利亚社会服务委员会提出，幼儿教育的费用对于很多家庭来说都是一个值得关注的问题，建议家庭支付幼儿教育成本的17%，低收入家庭平均支付的幼儿教育费用占家庭可支配收入的5%。圣劳伦斯兄弟会发布的数据也表明，幼儿看护费用对于低收入家庭来说是一个难题，建议进一步提升财政补贴，低收入家庭支付全日制看护服务的费用可占看护成本的20%，大约是家庭可支配收入的6%。这两项研究均提出，低收入家庭可承受的幼儿教育费用标准约占家庭可支配收入的5%—6%。[1] 另有研究表明，政府财政经费投入方式中耗费直接成本最低的方法就是面向低收入家庭实行按比例的费用补贴。[2] 各国政府为了提高家庭的经济支付能力，面向弱势群体家庭的幼儿教育补贴主要表现为三种形式：分别是发放儿童津贴或父母津贴、幼儿教育券和税费抵免。

发放儿童津贴这种补助方式更多的是作为国家福利政策的一部分，但是也不排除其作为单项的教育补助形式。儿童津贴通常需要依据家庭的经济收入评定来确定获得津贴的资格。政府可以采取拨付预定补贴金额给符合资格的幼儿家庭，由家庭分担剩余的幼儿教育费用；或者是政府基于家庭支付的教育服务费用，而后弥补其与幼儿教育成本的差额。各地儿童津贴的发放形式差别很大，但是绝大多数地区都依据家庭收入水平的不同而设定了补贴发放的多层次标准。澳大利亚的幼儿看护津贴显著有益于低收入和中等收入家庭，幼儿看护津贴降低了家庭用于儿童看护的费用占可支配收入的比例。低收入家庭用于全日制幼儿看护的费用

[1]　John Powlay, *Child Care Affordability*, Commonwealth Department of Famliy and Community Services, 2000.

[2]　Christiane Purcal, Karen Fisher, "Affordability Funding Models for Early Childhood Services", *Australian Journal of Early Childhood*, 2006, 31（4）: 49–58.

降低至家庭可支配收入的 10%。澳大利亚维多利亚州并未提供普遍免费的幼儿园教育，因此地方政府适当地提供了较为广泛的补贴政策，2005 年所有拥有联邦卫生保健卡的低收入家庭都有资格获得每年 255 美元的费用补贴，在多数情况下，这个数额是托幼服务总费用的一半。荷兰政府对所有有幼儿教育需求的家庭给予补贴，补贴数额与家庭收入相关：低收入家庭获得的补贴数额较高，可支付 41% 的幼儿教育费用；而高收入家庭获得的补贴只能支付 17% 的幼儿教育费用。德国政府于 2007 年开始实施《联邦父母津贴法案》，根据幼儿父母的经济收入发放金额不等的父母津贴。津贴申请者的资格要求包括：申请者主要由自己照顾及教育子女；申请者和被照顾子女同住；申请者每周工作不超过 30 小时。父母津贴补助的标准为：每月补助父母月薪的 67%，最多可领取 1800 欧元；没有工作的父母每月最少可领取 300 欧元。此外，低收入、多子女的家庭父母津贴的金额有所提高。低收入家庭每月收入若在 1000 欧元以下，则其收入每少 2 欧元，父母津贴就增加 0.1%；家庭每增加一名子女，父母津贴就增加 300 欧元/月。[1] 韩国低收入家庭要想得到政府的财政补贴，必须符合严格的标准，包括家庭人员的数目、月收入和总资产情况，约有 15% 的家庭能够获得费用补贴。[2] 中国台湾地区出台的《扶持五岁弱势幼儿及早教育计划》（2004）中明确了对经济落后地区、原住民地区和全台湾低收入与中低收入家庭中的五岁幼儿进行学费补贴的长期规划。《扶持五岁弱势幼儿及早教育计划》提出，凡是居住于经济落后地区及民族地区的所有年满五周岁至入小学前的幼儿，"就读公立国幼班者每年最高补助新台币 5000

---

① 胡春光：《德国学前教育面临的主要问题与改革策略》，《学前教育研究》2009 年第 8 期。

② OECD Country Note, *Early Childhood Education and Care Policy in the Republic of Korea*, 2004.

元，就读私立国幼班者每年最高补助新台币 2 万元"；全台湾地区年满五周岁至入小学前的低收入家庭和中低收入家庭的幼儿"就读公立幼儿园者每年最高补助新台币 5000 元，因公立幼儿园供应不足而就读私立幼儿园者，每年最高补助新台币 2 万元"。[①]中国澳门特区政府为就读于公立或非营利性私立幼儿教育机构的儿童提供学费津贴和文教具津贴，以保障幼儿的平等受教育权利。2006 年，澳门政府规定"家庭人均月收入少于 1600 元"和"家庭人均月收入界于 1600 元和 2000 元之间"的家庭可以申请学费和文教具津贴。[②] 这两个收入阶层家庭获得的津贴标准不一，家庭收入越少所获得的津贴越多。

从保障处境不利群体的利益出发，美国社会学家詹克斯（Jencks）提出了"补偿教育券模式"，即在普遍发放教育券的情况下给予低收入或有特殊需要的家庭以额外补助。按照詹克斯的观点，教育券应该有选择地提供给那些低绩效的公立学校，并且更偏向于资助那些非常贫困的家庭。[③] 这类教育券计划对教育经费分配起到了更加公平配置的作用。该计划的目的是要阻止学生之间在社会和经济上的隔离，学生不会因为父母亲没有经济支付能力而被排除在教育之外，贫困学生在收到基本面值的教育券后还可以获得第二张补偿性的教育券。从 1988 年开始，美国国会颁布了相关法律法规，允许各州以教育券或现金的形式帮助低收入家庭获得托儿服务或幼儿教育服务。1990 年国会通过的《儿童保育与发展固定拨款法》规定联邦政府每年都要拨付一笔固定基金给州政府用来向低收入家庭提供入园补贴，并且明确提出各

①　夏婧、庞丽娟、沙莉：《立法促进学前教育公平：台湾地区的经验及其启示》，《教育科学》2009 年第 10 期。

②　夏婧、韩小雨、庞丽娟：《推行免费学前教育，保障学前教育公益性——澳门免费学前教育政策研究》，《学前教育研究》2010 年第 9 期。

③　沈有禄、谯欣怡：《教育券的重要价值取向：教育公平》，《外国教育研究》2006 年第 2 期。

州要在 1992 年 10 月 1 日之前完成教育券项目的设立工作，这项规定使发放教育券成为一种强制形式。到了 1998 年，教育券已经成为美国资助教育的基本手段。幼儿教育券发放的对象是有 13 岁以下儿童的家庭，家庭收入不超过各州所规定的标准，家长必须有工作或者正在接受教育与职业培训。教育券发放的金额依据家长的收入而定，家庭仍然需要承担一部分托幼费用。① 美国《儿童保育与发展固定拨款法》的"符合条件儿童和家庭"一章中规定：只有收入不足居住州平均线 85% 的家庭才可以获得这项补贴。② 各个州可以在这个前提下根据实际情况决定教育券的具体额度。联邦要求各州优先提供给"收入非常低"的家庭此项补助。有数据统计显示，美国政府用以辅助幼儿教育所支付的教育券及现金分别占全部学费的 80% 和 10%。③ 韩国政府财政教育经费中的 30% 用于发放教育券，用来补偿弱势群体儿童以维持教育公平。

幼儿教育税收抵免计划中，有一些是面向所有家庭、具有普遍性的，即每位在符合审批标准的看护机构中接受服务的幼儿家庭都能受益，例如挪威、比利时和葡萄牙实行的幼儿教育税收抵免政策。而在其他国家，税收减免的实施是需要对家庭经济状况进行调查的，调查内容包括家庭收入、家长的工作或学习情况。在英国，只有每周至少工作 16 个小时的家长才有申请资格，其中单亲家庭里有工作的家长能够通过儿童税收抵免政策最高获得儿童看护花费 70% 的费用抵免资助。④ 美国的幼儿看护税收减免

---

① 周冠环：《二战后美国联邦政府学前教育投资研究》，硕士学位论文，华东师范大学，2010 年，第 22 页。

② The Child Care and Development Block Grant: Background and Funding, http://www.acf.hhs.gov/programs/ccb.

③ 方钧君：《基于教育券思想的政府投资幼儿教育政策研究》，博士学位论文，华东师范大学，2007 年，第 58 页。

④ OECD, *Starting Strong II: Early Childhood Education and Care*, 2006.

政策提供给夫妻双方都有工作的家庭或者至少有一方家长是在上学、离婚、分居或单亲家庭中拥有监护权的一方也能申请这项资助。这也是美国联邦政府分担儿童看护费用的非退税形式的税费抵扣福利。为了确保公平，美国还采用了低收入家庭累进退税与高收入家庭累退退税的方式。这样一来，低收入家庭便可以在联邦政府规定的应缴税费的基础上抵扣掉较大比例的税费，最高比例可以达到35%。① 澳大利亚联邦政府制定的幼儿看护退税政策也指向于正在工作、正在找工作或正在学习的家长，幼儿看护退税政策将退还符合资格的家庭在幼儿教育方面现金支出的30%，每个儿童最高可获得4000美元资助。很多国家都提出了税收减免比例以及减免的最高金额。例如，法国最高补偿家庭现金支付幼儿教育费用的25%，相当于每年2300欧元。英国家长能够收回的幼儿保育费用支出与子女的数目有关，为1名幼儿支付保育费用，可以获得的最高税费抵扣是每周175英镑；为2个或更多幼儿支付保育费用的家庭每周最高可收回300英镑。②

（二）开展专项补偿项目

一些国家采用专项财政资助计划的方式，重点支持幼儿教育事业发展中有特殊需要的领域，以满足社会对幼儿教育公平、公益性的要求。美国最著名的幼儿教育补偿项目"提前开端计划"（Head Start Project），是为了满足所有3—5岁弱势群体幼儿接受教育而实施的长期教育项目，联邦政府为其提供持续的经费支持。该计划由美国联邦政府在1965年创设，是反贫困社会改革运动中的重要举措，旨在为生活在贫困线以下的低收入家庭和儿童提供综合性服务及免费的幼儿教育，主要包括儿童教育发展、

① 周冠环：《二战后美国联邦政府学前教育投资研究》，硕士学位论文，华东师范大学，2010年，第33页。

② Benefits and help for parents going back to work：Direct gov-Parents，http：//www. direct. gov. uk/en/Parents/Childcare/DG_ 4016029.

健康服务、社会服务和家长参与服务四项内容，达到稳定家庭关系，营造一个有助于发展幼儿知识技能的环境，增强幼儿各项能力的目的。该计划提出至少要为 90% 以上生活在贫困线以下的 3—5 岁幼儿提供以社区为基础的教育服务。托幼机构还要为残疾儿童预留 10% 的名额。项目中最多能有 10% 的儿童家庭收入超过联邦贫困线，但是这些儿童需要符合"提前开端计划"入学资格的其他要求。进入美国公立幼儿教育系统的幼儿需要接受资格审查，如父母有工作（通常孩子母亲从事法定福利范围内的工作）、来自低收入家庭、专业鉴定有身心障碍的儿童、在公共教育机构或项目覆盖的区域范围内居住等要求。[①] 此项目至今为近 3000 万名 3—5 岁幼儿提供了教育、卫生与社会服务，是美国历史上规模最大并且历时最长的联邦幼儿教育项目。在财政经费拨款方面，1965 年，美国联邦政府为"提前开端计划"首次拨款 9600 多万美元。1981 年颁布的《提前开端法案》（Head Start Act）扩展了该项目，规定联邦政府对"提前开端计划"的法定拨款为 10.7 亿美元。此后，为了防止财政经费的滥用以及资金的管理不当等问题，政府多次对该法案进行修订和重新授权，在此过程中规定的财政拨款数额也在持续加大。依据 2003 年修订案的规定，联邦政府于 2004—2008 年，每个财政年度都要保证对该项目有 68.7 亿美元的财政投入。[②] 2005 年财政资金投入 69 亿美元，服务于 90 万名儿童，绝大多数为 3—4 岁幼儿。政府的财政拨款数额在 2008 年为 73.5 亿美元，2009 年为 76.5 亿美元，2010 年为 79.5 亿美元，2011 年超过 82 亿美元。[③] 一般情况下，

　　① The U. S. Department of Education, Naomi Karp, *Early Childhood Education and Care Policy in the United States of America*, http：//www. oecd. org/edu/earlychildhood. 2001 – 12 – 14.

　　② 陈厚云、方明：《美国重视发展学前教育及其启示》，《学前教育研究》2001 年第 2 期。

　　③ *School Readiness Act.* http：//thomas. loc. gov/cgi-bin/query/.

联邦政府的财政拨款约占"提前开端计划"总经费的80%，其余20%的资金通过非联邦政府的配套资金解决。《提前开端法案》还明确提出，要增加"提前开端计划"的联邦拨款数额，用于提高幼儿教师的工资水平。美国政府主要采用地方分权的形式管理幼儿教育补偿项目，由联邦政府提出纲领性的政策和目标，各州政府负责依据本地的实际情况落实并细化保育与教育政策，联邦政府同时给予协助。近年来，联邦教育部通过规划并实施多种全国范围的教育改革，制定全国性的教育质量标准，有条件地拨款补助地方教育经费，逐渐深入地参与到幼儿教育发展之中。在州政府一级，各州按照本地教育的实际情况划分为若干学区，更加关注幼儿教育与保育服务的数量和质量、需求与供给、投入与收益等问题。但是，负责实施和管理"提前开端计划"的部门是"提前开端办公室"（Head Start Office），它隶属于美国联邦健康与人类服务部，直接对社区的相关服务中心实施管理，将联邦资金拨付给地方项目机构。该办公室负责提出立法建议和预算提议，确定"提前开端计划"的拓展项目及运营方案，并监督管理计划实施的进程。同时，"提前开端办公室"还起到了领导与协调的作用，在各项活动的开展过程中负责与联邦政府机构以及非政府机构的跨机构合作。

英国从20世纪末起，就将教育改革的中心议题确定为发展幼儿教育，保护弱势幼儿群体。英国《拨款法》中提出要"借助儿童基金帮助弱势儿童、青少年及其家庭，应对儿童贫困和社会排斥现象，以打破机会剥夺与弱势地位的恶性循环"。[1] 1998年，英国政府正式出台《国家儿童养育策略》（*National Child-care Strategy*），发起了"确保开端"（Sure Start）项目，旨在改

---

① 李晓燕、吴云勇：《我国学前教育财政支持存在的问题及对策分析——基于OECD成员国的经验》，《幼儿教育》（教育科学版）2011年第7、8期。

善处境不利地区儿童的生活环境，消除贫困和预防社会排斥，为处境不利的家庭提供包括医疗保健、儿童保育、幼儿教育以及家庭支持等多项服务内容。《拨款法》中明确规定为"确保开端"项目的实施提供专项拨款，以法律的形式为整个项目的执行提供稳定的财政经费来源，并且使拨款预算逐年上升。"确保开端"项目拨款由儿童、学校和家庭事务部（Department for Children Schools and Families）以"限制性拨款"（Ring-Fenced Grant/Specific Grants）的方式拨付给地方当局。限制性拨款是由国家或有关部门拨发的具有专门指定用途或特殊用途的资金，用来资助作为国家优先发展的特定服务或项目。这种财政资金要求实行单独核算、专款专用，不能挪作他用。专项拨款如果有余额必须返还，不能结转到其他科目。① "确保开端"项目的经费划拨归属于"确保开端、早期教育供给与保育"的拨款预算之中，并且占有重大比例。2007—2008 年度"确保开端、早期教育供给与保育"的财政预算拨款数额约为 17.6 亿英镑，② 是 2003—2004 年度预算拨款数额（约 5.3 亿英镑）的 3 倍还要多，③ 表明英国政府用于幼儿教育的财政经费投入在逐年增加。鉴于不同地区之间的差异性以及地方政府所拥有的信息优势，英国由中央政府直接拨款与管理的模式正逐步转化为由中央负责拨款、指导和监督，地方政府负责项目的资金分配与管理的模式。"确保开端"项目在尊重家庭文化背景的基础上，更加强调帮助贫困家庭营造一个良好的家庭教育环境与教育氛围，使其通过"教育自救"的方式来

---

① 霍力岩、余海军、郑艳：《美、英学前教育财政投入主要方式初探》，《外国教育研究》2012 年第 6 期。

② *Appropriation（No. 2）Act 2007*，http：//www. opsi. gov. uk/acts/acts2007/pdf/ukp-ga_ 20070010_ en. pdf.

③ *Appropriation Act 2003*，http：//www. opsi. gov. uk/acts/acts2003/pdf/ukp-ga_ 20030013_ en. pdf.

实现对贫穷的自我预防。[1]

　　绝大多数的印度儿童从出生起就处于弱势群体地位。印度5岁以下幼儿的死亡率及营养、免疫和教育的缺失情况远远高于发展中国家的平均水平。面临这样严峻的挑战，宣告独立之后的印度一直致力于改善幼儿的福利并保障幼儿的各项权利，强调幼儿教育的多重功能与价值。1974年，印度议会通过了《为了印度儿童的国家政策》（*National Policy for Children*），特别指出国家有责任为所有儿童提供充分而全面的服务。基于这个政策，在印度中央政府的组织和联合国儿童基金会、世界银行、世界食品项目等国际组织的资助下，印度中央政府于1975年在33个社区正式开始实施"儿童综合发展服务计划"（Integrated Child Development Services，ICDS）。这个社会福利项目是面向6岁以下幼儿及其母亲，以解决他们的营养不良与健康问题。随着逐年发展，"儿童综合发展服务计划"已经成为世界上规模最大的综合性家庭与社会福利项目之一。它以综合帮扶的方式提供包括增强免疫、补充营养、健康检查、幼儿非正规教育等服务，确保生活在农村、部落民族地区和贫民窟地区的幼儿能够正常地成长与发展。该项目的职责还包括协调实施不同政府部门制订的各种幼儿发展计划，并提出在财政预算分配上要优先确保那些最弱势群体的儿童。鉴于项目在过去几十年中发挥着积极的效用，印度政府正致力于确保项目的普适性。截止到2010年年底，该计划覆盖了3935万6岁以下幼儿和806万孕妇及哺乳期的母亲。[2] 2003年印度颁布了《国家儿童宪章》（*National Charter for Children*），提出国家应努力为6岁以下的所有幼儿提供早期保育与教育，重

---

　　[1] 刘焱：《英国学前教育的现行国家政策与改革》，《比较教育研究》2003年第9期。

　　[2] *Integrated Child Development Services*（*India*），http：//en. wikipedia. org/wiki/Integrated_ Child_ Development_ Services_ （India）.

申了幼儿在生存、生活和发展等方面所拥有的权利，尤其强调国家和社会在保护残疾儿童，以及为边缘化和处境不利儿童提供保育与教育、保护和福利的责任。[1] 随后，2005 年通过的《国家儿童行动计划》（The National Plan of Action for Children）是印度至今有关儿童政策中最具有综合性的计划，提出了儿童的四项基本权利，分别是生存权、发展权、受保护权与参与权，明确将幼儿保育与教育的目标界定为"确保所有 3—6 岁的儿童能够获得综合保育与发展以及入学前学习的机会"，"给那些处境最不利的、最贫困的以及获得最少服务的儿童以优先的政策扶持和行动干预"。[2] 在印度，各级政府、部门、机构和团体相互协调，以使各类幼儿教育资源发挥最大的作用。以"儿童综合发展服务计划"的实施为例，中央政府主要负责政策的制定并全面协调计划的实施；邦政府主要负责对机构、人员、物资、经费、培训等工作的组织和管理；地区政府负责该计划的具体执行，并在计划执行过程中提供必要的技术指导；街区和项目组主要负责计划的具体实践工作；中间机构负责支持性的监管和指导。[3] 印度的公立幼儿教育机构占幼儿教育机构总数的 71%，其中参与"儿童综合发展服务计划"的幼儿教育机构占公立幼儿教育机构总数的 69%。

分析发现，上述由国家重点实施的幼儿教育项目经费一般都通过中央政府直接拨款。美国的"提前开端计划"和英国的"确保开端"项目主要采用以联邦（中央）政府为主体的资金筹措形式，有助于保证政府在行动计划的实施过程中处于主导地

---

① Government of India, *National Charter for Children*, http：//wcd. nic. in/nationalcharter2003. htm.

② 陈玲：《学前教育财政投入的公平性研究》，硕士学位论文，浙江财经学院，2012 年，第 29 页。

③ 余海军：《从国外发展学前补偿教育项目的经验看我国农村学前教育的发展》，《河北师范大学学报》（教育科学版）2011 年第 13 卷第 10 期。

位，确保行动计划有助于提高处境不利家庭及其子女获得平等的幼儿教育与保育。但是这种财政拨款形式对于国家财政经济条件的依赖性较强，比较适合经济发展良好或者是国民生产总值较高的发达国家。为了达成幼儿教育项目的目标，美国和英国均主张建立政府购买与合作机制，鼓励有意愿的幼儿教育机构加入项目计划，只要机构符合政府制定的相关标准，就可以获得专项资助。[①] 印度作为发展中国家，其"儿童综合发展服务计划"的费用主要来源于中央政府、地方政府和各国际组织的资金支持，例如联合国儿童基金会、世界银行和世界食品项目等组织。合理运用国际组织的资金支持，能够有效解决本国教育财政经费有限的问题，这种资金筹措方式较为适合发展中国家。

第四节　国外幼儿教育费用分担的启示

一　以公平作为幼儿教育财政投入的原则

综上所述，各国政府主要通过财政投入公立幼儿教育机构实现幼儿教育的普及并体现幼儿教育的公益性。财政资助私立幼儿园也是出于让就读于这些幼儿园的幼儿同样享有财政经费。面向幼儿家庭发放的财政补贴重点以贫困、低收入家庭为资助对象，国家主持开展的专项补偿计划更是为了帮助贫困家庭解决子女的照看与教育问题，尽可能减少贫困的代际循环。因此，各国幼儿教育财政投入政策遵循的一个最重要原则就是公平，特别是注重为弱势群体提供帮扶的补偿性公平原则。

（一）保证对公立幼儿教育机构的财政投入

虽然各国发展幼儿教育事业的公共性强弱不同，但是通过多种财政投入措施为所有适龄儿童提供接受幼儿教育的机会，达到

---

① 柳倩、钱雨：《国际学前教育公共投入的国家行动计划比较研究》，《全球教育展望》2009 年第 11 期。

普及幼儿教育的目的，已经成为大多数国家发展幼儿教育的重要方向。《强势开端Ⅱ：幼儿教育与看护》（*Starting Strong Ⅱ：Early Childhood Education and Care*）提出，政府占主导的财政经费投入对于支持发展优质、公平、可持续发展的幼儿教育事业至关重要。[①] 幼儿教育具有强大的正外部效益，因此政府应积极承担起主要的财政投入责任。

为了充分发挥幼儿教育具有的多种益处，国际上开始将普及幼儿教育作为国家的重要任务，逐渐将建立并完善幼儿教育与保育服务体系转为公共责任。依靠政府的财政经费支持发展以公办幼儿教育机构为主体的幼儿教育服务体系成为国际趋势。在OECD多数成员国中，从机构数量来看，公立幼儿教育机构的比例要高于私立幼儿教育机构。有61.1%（11个）的OECD国家和地区的公立幼儿教育机构所占比例高于60%，例如匈牙利（100%）、比利时法语区（100%）、芬兰（93%）、墨西哥（90%）、捷克（88%）、瑞典（87%）、意大利（68%）等国。OECD国家中有20个国家公立幼儿教育机构的在园幼儿比例超过64.1%，最高达到98.5%，平均为65.2%，而私立幼儿教育机构的在园幼儿比例平均为34.8%。[②] 政府（中央、州或地方）通过直接向公立幼儿教育机构拨付基本建设经费、运营经费或专项资助的方式，保证财政性经费在公立幼儿教育机构的总经费中占有较大比例。为了保证幼儿教育师资的质量及其稳定性，很多国家采用财政支付幼儿教师工资的形式或给予幼儿教师国家公务员待遇。财政支付幼儿教师工资不仅有利于保证教师的收入，而且有助于避免人员经费挪作他用。

（二）加强对私立幼儿教育机构的财政补贴

政府还通过财政税收等经济杠杆来加强对私立幼儿教育机构

① OECD, *Starting Strong Ⅱ: Early Childhood Education and Care*, 2006.
② 刘占兰等：《中国学前教育发展报告2012》，教育科学出版社2013年版，第159—160页。

的引导、管理和财政扶持。各国政府通常会设立一定的评估标准，并且有专门的机构对申请资助的私立幼儿教育机构进行评估，要求这些提出申请的机构必须达到规定的质量标准才能获得财政资助，如上文提到的英国、新西兰、美国等国的做法。政府对私立幼儿教育机构的财政补贴形式以税收减免和生均补贴为主。补贴金额的确定依据各幼儿教育机构的质量等级、在园幼儿数量和幼儿年龄的不同而有差别，私立幼儿教育机构的质量等级越高、提供的幼儿教育学位越多，获得的财政补贴就越多。

公平是处理社会、经济与生活中的各种利益关系所应遵循的合理原则。教育公平的核心一方面表现为教育机会均等；一方面表现为教育选择的自由，即资源分配的公平。[①] 在经济学范畴里，公平问题的核心就是资源配置问题。政府通过对私立幼儿教育机构进行财政支持，有利于就读于不同类型幼儿教育机构的幼儿均享有较公平的财政经费，并且有助于提高私立幼儿教育机构的质量。

（三）重点面向弱势群体幼儿的财政资助

美国詹姆斯·科尔曼教授于1964年收集了美国各地4000所学校共60万名学生的数据进行分析发现：仅仅注重入学机会的平等是不够的，还需要强调教育结果的平等。而要想实现教育结果的平等，就必须实施补偿教育。[②] 2000年，联合国教科文组织世界教育论坛通过的《达喀尔行动纲领》确定了基础教育在2015年需要达到的六项目标，其中第一项就是发展幼儿教育，要求"全面扩大和改善幼儿，尤其是最易受到伤害和处境最不利幼儿的全面保育与教育"。由于处境不利儿童因其家庭社会经济

---

① 冯晓霞、蔡迎旗、严冷：《世界幼教事业发展趋势：国家财政支持幼儿教育》，《学前教育研究》2007年第5期。

② 崔慧广、田汉族：《美国20世纪中后期教育机会均等运动及启示》，《江西教育学院学报》（社会科学版）2005年第26卷第5期。

条件的影响往往很难获得接受幼儿教育的机会，因此，国际上纷纷将保障处境不利幼儿的受教育权利，提高处境不利幼儿的入园率作为普及幼儿教育的重点和难点，将财政经费着重投向弱势群体儿童已经成为各国财政经费投入政策的首选。对于弱势儿童而言，只有遵循积极的差别原则，实行优先扶持的策略，才能真正达到教育公平。政府财政重点资助弱势群体儿童不仅符合罗尔斯提出的有关正义的"差异原则"，也符合教育成本分担中的"能力支付原则"。

关于"提前开端计划"和"确保开端"项目的追踪评估结果表明，无论是儿童今后的学业发展，成年后的就业率与犯罪率，还是家庭的就业能力，以及公共政策投入的满意度评估，评估结果都显示这类专项补偿计划具有良好的、多方面的社会效益。因此，面向弱势群体幼儿的财政经费投入能够获得较高的经济和社会效益。国外的弱势群体包括经济落后地区、少数民族或原住民地区、贫困和低收入家庭、单亲家庭的幼儿。很多国家为了确保每位适龄儿童获得幼儿教育机会的公平性，限定了公立幼儿教育机构的招收对象，通过发放儿童津贴、幼儿教育券和税费抵免等形式补贴弱势儿童家庭，或者开展补偿处境不利儿童及其家庭的国家行动计划，例如美国的"提前开端计划"、英国的"确保开端"项目和印度的"儿童综合发展服务计划"等。以家庭为对象的补贴会根据家庭子女数和家庭收入情况实行不同标准的资助。这些政策的制定者很清楚，只有保障了弱势群体阶层的基本受教育权利并尽力维护社会底层群体的稳定，才能保证社会的安定。

二　以提高家庭的支付能力作为幼儿教育财政投入的目标

面向3—6岁年龄儿童的幼儿教育在绝大多数国家属于非义务教育，具有非强制性。家长是否送子女进入幼儿园接受教育很大程度上有赖于家庭对幼儿教育功能的认识以及家庭支付幼儿园教育费用的经济能力。而幼儿教育的正外部性显示出较高的社会回报效益，各国政府逐渐意识到幼儿教育对未来人力资源的重要性。培育幼儿不只是家庭的责任，还是社会的共同责任。很多国家除了财政拨款给公立幼儿园、奖励或补贴私立幼儿园、开展专项补偿计划以提供价格较低的幼儿教育之外，还通过发放儿童津贴和税费抵免等政策，将幼儿教育费用减免纳入社会保障体系之中。通过社会保障机制来平衡各个家庭在教育子女费用方面的经济负担，最终达到提高家庭支付能力的目的。

经济学家信息部（The Economist Intelligence Unit）以政府对每位适龄幼儿的教育经费投入数量、政府对贫困家庭的资助、私立幼儿教育机构的成本，以及通过资助幼儿教育机构而间接补助贫困家庭等四个指标来评价各国家庭支付幼儿教育的负担能力。研究结果显示，无论幼儿教育机构多么具有普遍性，最重要的是所有不同收入阶层的家庭都能够负担得起幼儿教育费用。一般来说，在文化上和政治上均重视幼儿教育的国家更倾向于确保提供家庭可以负担得起的幼儿教育服务。在"家庭可负担性"的排序中，挪威、丹麦、瑞典、芬兰等国的排名最靠前。排名比较靠前的英国和法国虽然都为所有 3 岁以上的儿童提供免费的幼儿教育，但是两国实施的政策略有不同。英国和法国均采用提供幼儿教育供给方补贴的方式，同时英国还通过税收抵免的方式直接给予处境不利家庭额外补助，帮助这些家庭支付基本看护之外的额外服务费用。相比之下，法国则欠缺对家庭这方面的资助。整体而言，绝大多数"家庭可负担性"排名靠前的国家更多实行的是供给方资助政策。①

---

① The Economist Intelligence Unit, *Starting well: Benchmarking early education across the world*, http: //www. lienfoundation. org/pdf/publications/sw_report. pdf.

三　以法规政策作为幼儿教育财政投入制度化的保障

为了促进幼儿教育的公平发展，很多国家以法规的刚性
形式赋予各级政府作为财政投入主体的责任，规定各级政府
财政投入比例的最低标准或具体数额以保证幼儿教育经费的
稳定性，并且规定财政拨款的具体项目以充分发挥经费投入
的作用。在相应的法律规范下，各国幼儿教育财政预算不断
攀升。

例如，美国的公立幼儿园、保育学校等机构的财政经费均根
据《社会安全法案》《初等和中等教育法案》《人力发展和训练
法案》《经济机会法案》，以及《教育财政资助法案》等规定由
政府拨款。[①] 美国《不让一个儿童落后法》还专门对"高质量教
师的培养、培训与聘用"作了详细规定，2002 年财政投入这方
面的资金为 30 亿美元，2003 年用于该方面的预算为 40 亿美
元，[②] 在保障幼儿教师和中小学教师素质，提高教育质量方面起
着至关重要的作用。英国的《1988 年教育改革法》规定通过建
立中央直接拨款公立学校的方式，实行中央政府对这些学校的经
费支持。[③] 日本 1946 年 9 月公布的《生活保护法》规定保育所
的费用由国库负担80%，府县负担 10%；1997 年起实施的《儿
童福利法》规定"机构补助"包括保育所的设备和各种事务费，
其中设备所需费用的 1/3—1/2 由国库负担，都、道、府、县负
担 1/4—1/3；到了 90 年代，日本第三个"幼儿园教育振兴计

---

① 吴荔红：《学前教育的比较研究与国际借鉴——"入园难、入园
贵"问题之策》，《求索》2010 年第 12 期。

② 沙莉、庞丽娟、刘小蕊：《通过立法强化政府在学前教育事业发展
中的责任——美国的经验及其对我国的启示》，《学前教育研究》2007 年第
2 期。

③ 沙莉、庞丽娟、刘小蕊：《英国学前教育立法保障政府职责的背景
与特点研究》，《教育科学》2008 年第 2 期。

划"提出要保障公、私立幼儿园的园舍设施建设补助费,各都、道、府、县的知事和教委要保证投入足够的资金,以便顺利实施新建和改建幼儿园的工作。①

① 吴荔红:《学前教育的比较研究与国际借鉴——"入园难、入园贵"问题之策》,《求索》2010 年第 12 期。

第二章

中国幼儿教育费用分担政策的
历史发展

"他山之石，可以攻玉"，在梳理了国外幼儿教育费用分担的特点及方式后，如何确立我国的幼儿教育财政投入方式，还需要结合我国的社会文化历史。我国目前对3—6岁儿童实施教育的机构是幼儿园，最初称为蒙养院、蒙养园或幼稚园。幼儿教育财政经费通常采用直接拨付给幼儿园的形式，很少甚至几乎没有涉及对家庭的财政补贴。

第一节　中华人民共和国成立之前的
幼儿教育费用分担政策

在清末洋务运动和西学东渐背景下，我国的幼儿教育逐渐从家庭走向社会。1903年，第一所官办的幼儿教育机构——湖北武昌蒙养院诞生。之后，一批官办的幼儿教育社会机构相继出现。官办幼儿教育机构的产生，标志着政府财政投入幼儿教育、分担幼儿教育费用的开始。1904年颁布的《湖北幼稚园开办章程》中规定"本园一切服装、图书、保育物品均属官备，惟不备餐饭。本省小儿入园免交学费，外省小儿入园每月须纳学费洋四元"。由此可见，当时的湖北政府对其创办的蒙养院有日常经费投入，并且对招收幼儿的收费情况依据地域的不同而区别对待，本省的幼儿免学费，只需交纳餐费，而外省的幼儿需交纳学费和餐费等。1904年清政府颁布的《癸卯学制》（即《奏定学堂章程》）中包括为学前教育专门制定的《奏定蒙养院章程及家庭教育法章程》，指出："凡各省府厅州县以及极大市镇，现在均有育婴堂及敬节堂，兹即于育婴敬节二堂内附设蒙养院。各处育婴堂规模大小不一，现均筹有常年经费；其规模过狭者，应设法扩充屋舍，增加额数；乳姐必宜多设，以期广拯穷婴。"[1] 此《章程》标志着近代我国政府财政投入幼儿教育政策的开端，政策建议各地方政府要为育婴堂提供常年经费，并且设法扩大育婴堂的规模以服务于更多穷困的婴幼儿。

1912年民国政府成立之后，政府对幼儿教育的财政支持较少。当时教育部公布的《师范学校令》和《师范学校规程》规定蒙养园附设在女子师范学校和女子高等师范学校内，或以"公立私立之蒙养园代附属蒙养园"[2]，表明当时幼儿园既有公办的也有私立的，政府和私人都在出资兴办幼儿教育。但是，从清末创办的蒙养院到20世纪20年代中期的蒙养园，幼儿教育机构大部分都以招收富裕家庭的子女为主。直到"五四"新文化运动时期，幼稚园教育平民化思想得到宣传。1923年，陈鹤琴主持了南京鼓楼幼稚园的改革试验。1926年，陶行知先后发表了《创设乡村幼稚园宣言书》和《幼稚园的新大陆——工厂与农村》，号召幼儿教育工作者走向工厂与农村。1933年，孙铭勋在江苏淮安创办了新安乡村幼稚园，并于1934年在上海主持兴办了劳工幼儿园。[3] 在这些具有民主思想的教育家的努力下，中国出现了为农民、工人等普通平民儿童服务的幼稚园。这些幼稚园

---

① 中国学前教育史编写组：《中国学前教育史资料选》（全一册），人民教育出版社2002年版，第93页。

② 同上书，第222页。

③ 杜成宪、单中惠：《幼儿教育思想史》，人民教育出版社2008年版，第134页。

也得到了政府一定的政策扶持。

老解放区政府于 1938 年创立了第一所幼儿保育院——陕甘宁边区儿童保育院，并于 1941 年发布了《关于保育儿童的决定》，提出了政府财政支持幼儿教育的具体方案，给予幼儿及其母亲实物和费用补贴。边区政府主要包办党、政、军托幼机构，适当扶持社团组织创办的托幼机构。"保育儿童之各项费用，均由党政军民各机关在经常费内作预决算报销"。① 边区保育院对入园儿童有严格的审批程序，需要审查幼儿父母亲的工作单位和干部身份。幼儿父母亲的身份不同，获得的财政补贴会有较大差别。这种对党、政、军干部子女倾斜的财政投入政策对新中国成立后幼儿教育的财政政策产生了消极的影响。② 当时的边区政府采用的是重点包办党、政、军托幼机构，适当扶持社团托幼机构，发动群众投资创办多种形式托幼机构的政策。③

第二节　中华人民共和国成立之后的幼儿教育费用分担政策

一　单位福利体系下的幼儿教育财政经费投入

1949 年中华人民共和国成立后，中央教育部召开的第一次全国会议明确了全国教育工作的总方针是"以老解放区的经验为基础，吸收旧教育某些有用的经验，特别要借助苏联教育建设的先进经验"。1952 年 3 月，教育部发布了《幼儿园暂行规程草案》，对各级各类幼儿园的经费来源和管理首次作出规范："市、

---

① 中国学前教育史编写组：《中国学前教育史资料选》（全一册），人民教育出版社 2002 年版，第 349 页。

② 蔡迎旗：《幼儿教育财政投入与政策》，教育科学出版社 2007 年版，第 42 页。

③ 罗嘉君：《幼儿教育投资分析——以张家港为个案的研究》，硕士学位论文，南京师范大学，2007 年，第 11 页。

县所办幼儿园的经费，由市、县人民政府在地方教育事业费内统筹统支。其他公办和私立幼儿园的经费，由设立者或董事会供给。市、县所办幼儿园经费的预算、决算，由市、县人民政府教育行政部门审核批准；其他公办和私立幼儿园经费的预算、决算，由设立者审核决定，并报地方教育行政部门备案。"这个文件形成了国家财政投入、其他机关和民间投入并举的幼儿教育财政投入体制。同时，此文件也将幼儿教育办学体制与经费投入体制密切联系起来，奠定了中国幼儿教育经费投入体制的基础。为了扩大幼儿园的经费总量，1955 年 7 月，内务部、财政部、教育部和国务院人事局联合发出《关于取消中、小学，幼儿园学生公费待遇的通知》，要求政府办园收取一定的费用，部分幼儿的公费生待遇被取消，在北京的干部子女幼儿园、托儿所全部改为普通性质的托幼机构。政府对幼儿教育的财政投入逐渐趋于平民化，干部家庭也需分担相应的幼儿教育费用。

1953 年政务院发布了《中华人民共和国劳动保险条例》，规定各企业工会基层委员会需根据本企业的经济情况和职员的需要，与企业行政或投资方共同办理托儿所这项集体劳动保险事业。[①] 这一条例明确指出幼儿园和托儿所是单位为职工提供的劳动保障和社会福利的一部分，政府以职工福利的形式财政暗补国家机关、部队、企事业单位的附属幼儿园。国营企业可按工资总额的 2.5% 提取福利补助金，单位可将这部分经费用于包括托幼机构在内的集体福利。这就使得附属幼儿园可获得的财政性办园经费因单位的行政级别和福利状况而不同。1955 年《国务院关于工矿、企业自办中、小学和幼儿园的规定》指出："各工矿、企业在办理职工子女中、小学和幼儿园时，办理中、小学、幼儿园年需一切费用，由各部门统一列入'营业外'开支，编入财

---

① 曾晓东、范昕：《建国 60 年来我国学前教育财政制度改革研究》，《幼儿教育》（教育科学版）2009 年第 10 期。

务计划，负责解决所办中、小学、幼儿园的基本建设，并负责解决各种设备及日常开支所需的一切经费。"从财政制度上完全确立了幼儿园归属企业后勤服务开支，增强了托儿所和幼儿园的单位福利属性。

在1949—1978年这个阶段，我国形成了政府与事业单位、企业、街道和农村社队不同供给方式并存的幼儿教育财政格局，明确了幼儿教育为妇女就业服务的单位福利性质，也意味着幼儿教育具有社会公益性的特点。政府不仅直接为政府所办的幼儿园拨款、提供物资，而且以职工福利的形式财政暗补机关、部队、企事业单位的附属幼儿园。这样的政策是与当时的城市单位制度相适应的，任何个人只要被纳入了单位，就可以获得包括幼儿教育在内的社会福利，[①] 形成以单位为主体的分散化幼儿教育经费投入体制。但是，由于当时社会经济条件的限制，政府直接资助的幼儿园仍然占少数，而是有重点的发展和财政支持。

二　既有体系下的幼儿教育财政经费投入

1979年10月，中共中央、国务院转发的《全国托幼工作会议纪要》提出要加强托幼工作的统一领导和分工合作，认为托幼事业经费不足，特别是城镇民办幼儿园所的经费困难，强调依靠国家、集体、社会和个人等各个方面，采用多种方法来解决好幼儿园经费的来源问题。各级教育部门、卫生部门举办的幼儿园、托儿所经费分别由教育事业费和卫生事业费列支。各企业单位、事业单位、机关和部队举办的园所经费，由各主办单位自行解决。城镇民办幼儿园的经费可以来自家长交纳的保育费和家长所在单位向幼儿园交纳的管理费，幼儿园的开办费、添置大型设备及房屋修缮等费用支出由地方财政部门在自筹经费中酌情补贴。

---

① 曾晓东、范昕：《建国60年来我国学前教育财政制度改革研究》，《幼儿教育》（教育科学版）2009年第10期。

幼儿教育财政投入呈现多渠道的单位供给格局。文件同时指出，随着生产的发展和国民经济管理体制的改革，托幼事业的社会化是必然趋势。①

1988 年国家教委、财政部等联合发出《关于加强幼儿教育工作的意见》，提出举办幼儿园有利于解决劳动者的后顾之忧，同时也是一项具有社会公共福利性质的工作，明确了幼儿教育的福利属性。《意见》指出在地方人民政府举办幼儿园的同时，主要依靠各部门、各单位和社会各方面的力量来办幼儿园。这时的幼儿园在办园体制方面类型较多，不仅有全民性质的，还有大量由群众集资兴办、具有集体性质的幼儿园，实行独立核算、自负盈亏，以及由公民个人按照国家法律及相关政策规定而举办的私立幼儿园。《意见》提出要继续调动企业单位、事业单位、机关单位、社会团体和部队等机构举办幼儿园的积极性，采取单独举办或联合举办幼儿园的形式以解决职工子女的入园问题；并鼓励有条件的幼儿园向社会开放，接收附近居民子女入园。② 鼓励社会力量创办和发展幼儿园能够缓解国家幼儿教育财政经费不足的状况。

1978—1992 年，与城市"单位制"为主、居住地区"街居制"为辅的社会管理体制相适应，不同类型的财政经费沿着各自的渠道投入到归属于不同体系的幼儿园。企事业单位和街道负担了部分政府管理社会的职能，幼儿园教育经费在企事业单位的后勤福利经费中列支与在政府公共财政预算中列支起到的是同样的效果。③ 值得一提的是，由于不同类型幼儿园可获得的经费水

---

① 中国学前教育研究会：《中华人民共和国幼儿教育重要文献汇编》，北京师范大学出版社 1999 年版，第 119、121 页。

② 汪晓瑾：《"以公办幼儿园为骨干和示范，以社会力量兴办为主体"——解读我国非公办幼儿园的政策、法律支持》，《民办教育研究》2007 年第 6 卷第 5 期。

③ 庞丽娟：《中国教育改革 30 年》，北京师范大学出版社 2009 年版，第 58 页。

平与资金的稳定性存在差别，教育部门、政府机关所办幼儿园的质量优势逐渐突显，不同幼教机构之间的差异也日益被强化。

三　幼儿教育市场化加大了家庭分担教育费用的份额

伴随着经济体制改革的日益深入以及社会主义市场经济体制的逐步确立，公办幼儿园的数量开始减少，民办幼儿园发展迅速，加快了幼儿教育的市场化进程。公办幼儿园经费投入中发生较大改变的是企业办园。1994 年我国实行了财税制度改革，理顺了政府与企业的分配关系，公共财政与企业财务不再合二为一。这同时也打破了企业留利的幼儿教育财政投入体制，国有企事业单位纷纷停止或减少对原本作为单位职工福利的附属幼儿园的经费投入。据统计，1993 年企业办园的数量占城市幼儿园的87%，在园幼儿人数占全国在园幼儿总数的 70%。[1] 而 1994 年，全国企事业单位、机关团体等举办的幼儿园减少了 11000 多所。[2]到了 1995 年，国家经贸委等部门印发《关于若干城市分离企业办社会职能，分流富余人员的意见》，明确指出："企业办社会职能分为两类：一是公益型的社会职能，包括企业自办的中小学校、自办的卫生机构等；二是福利型的社会职能，包括企业自办的食堂、浴室、托儿所、招待所等后勤服务单位。"[3] 企业逐步分离办社会职能已成为趋势。同年，国家教委、国家计委、民政部等《关于企业办幼儿园的若干意见》提出要"坚持依靠社会

---

[1]　程秀兰、陈晖等：《企办幼儿园发展的困境与出路》，《学前教育研究》2012 年第 3 期。

[2]　中国学前教育研究会：《中华人民共和国幼儿教育重要文献汇编》，北京师范大学出版社 1999 年版，第 554 页。

[3]　国家经贸委、教委、劳动部、财政部、卫生部：《关于若干城市分离企业办社会职能，分流富余人员的意见（国经贸企［1995］184）》，http://www. chinalawedu. com/news/1200/23051/23053。

力量发展幼儿教育的方针，有条件的企业应继续办好幼儿园。要加强企业幼儿园内部管理运行机制的改革，增强办园活力。改革现行的幼儿园收费制度，鼓励企业幼儿园向社会开放，逐步改变幼儿园经费由企业全部包揽的做法，提高企业办园的效益。对于部分确实不具备独立办园条件和具备了分离幼儿园条件的企业，本着平稳过渡的原则，可在政府统筹下，将所办的幼儿园交给当地教育行政部门规划，以多种形式继续办好，或由社区办，或由具备条件的团体、个人承办"[1]。国有企业逐步从其附属幼儿园撤资，幼儿园收费有所提高。

多年来发展起来的公办幼儿教育资源正通过多种形式改为社会力量办园，政府财政投入的幼儿园数量不断减少。随着街道和社队集体经济的瓦解，集体所办的幼儿园大多变为依靠收费维持的机构。2003 年宿迁市政府在《宿迁市学前教育办学体制改革情况汇报》中提出："要求将现有的各级各类幼儿园，采取公有民营、股份制改造、拍卖等形式，使之全部变成民营实体，使各幼教单位真正成为适应市场要求的主体，在市场竞争中主动寻求发展。"对于宿迁市泗洪县幼儿园的改制问题，2003 年央视《焦点访谈》以"改制还是甩卖"为题对此提出质疑。[2] 改制后的幼儿园没有了财政经费，幼儿园运营所需的各种费用最终必将落到幼儿家长身上。针对这一现象，2003 年国务院《关于幼儿教育改革与发展的指导意见》中强调："地方各级人民政府要加强公办幼儿园建设，保证幼儿教育经费投入，全面提高保育、教育质量。不得借转制之名停止或减少对公办幼儿园的投入，不得出售或变相出售公办幼儿园和乡（镇）中心幼儿园，已出售的要限

---

[1]　中国学前教育研究会：《中华人民共和国幼儿教育重要文献汇编》，北京师范大学出版社 1999 年版，第 409 页。

[2]　王孝玲：《身处困境与突出重围》，http://www.lesun.org/edu/article/2005 – 02/13768. htm。

期收回。"[1] 但是此时，能够获得政府财政经费投入的幼儿园就只有教育部门办园、政府机关办园、部队办园和事业单位举办的幼儿园。这些幼儿园在教职工的人事管理制度方面较为健全，依据人事编制获得人员经费，从而拥有稳定与高质量的师资，成为各地优质的示范性幼儿园。1997—2009 年，我国公办幼儿园的数量从 157842 所减少到 48905 所，占幼儿园总数的比例从 86.5% 下降至 35.38%。[2]

福利式幼儿园教育逐渐解体后，幼儿园的举办主体由单位转向个人，办园经费由举办主体负责筹措，此时民办幼儿园的发展令人瞩目。1995 年《中华人民共和国教育法》中规定，学校及其他教育机构的举办者可以是各级政府和企业事业组织，也可以是其他社会组织或公民个人。政府不再独享办学的权利，而转为负责统筹规划和宏观管理。当年的民办幼儿园在园幼儿数达到最高峰，为 2700 万人左右，一直到 2003 年降到 2000 万人左右。自2003 年开始又呈现逐步上升的趋势。[3] 2003 年，《国务院办公厅转发教育部等部门（单位）关于幼儿教育改革与发展指导意见的通知》明确提出："今后 5 年（2003—2007 年）幼儿教育改革的总目标是：形成以公办幼儿园为骨干和示范，以社会力量兴办幼儿园为主体，公办与民办、正规与非正规教育相结合的发展格局。"[4]自此，我国正式在政策层面提出以社会力量办园为主。从 2004 年

---

① 《国务院办公厅转发教育部等部门（单位）关于幼儿教育改革与发展指导意见的通知》，http://learning.sohu.com/2004/04/12/06/article219810616.shtml。

② 柏檀、熊筱燕、王水娟：《我国学前教育财政投入问题探析》，《教育与经济》2012 年第 1 期。

③ 宋映泉：《民办学前教育规模占比的省际差异、政府财政投入与管制》，《北京大学教育评论》2012 年第 10 卷第 2 期。

④ 《国务院办公厅转发教育部等部门（单位）关于幼儿教育改革与发展指导意见的通知》，http://learning.sohu.com/2004/04/12/06/article219810616.shtml。

起，民办幼儿园的数量（62167所）超过公办幼儿园（55732所）。到了2008年，民办幼儿园成为与教育部门办园并重的幼儿园教育供给者，二者的在园幼儿数分别占在园幼儿总数的40%和47%。2010年，民办园的园所数量所占比例达到68%，民办园和公办园的在园幼儿数也已经基本形成各占一半的格局。市场的介入实现了一部分办园者的私益，在一定程度上也满足了社会成员对幼儿教育的多元化需求。但是民办幼儿园的发展却呈现两极分化的现象，"自定价、备案制"的民办园收费制度致使质量好的民办园收费高昂，同时不符合办园标准的低收费、质量差的民办"黑园"长期存在。而工薪阶层所代表的公众需要的价格合适、保障基本教育质量的幼儿园却仍然短缺。同时，在资本逐利本性的驱动下，幼儿园乱收费、高收费问题随之产生，家庭的经济负担整体有加重的趋势。

　　国家教委于1997年7月发布的《全国学前教育事业"九五"发展目标实施意见》中规定"家长送子女入园应当承担费用，其收费项目、标准和办法，应考虑学前教育成本、当地物价水平和群众承受能力"，第一次提出幼儿园要适当考虑按成本收费。幼儿教育已不再是纯粹的福利事业，各地纷纷推行幼儿教育民营化和产业化，幼儿园被推入了市场。此时的市场化办园表现为政府不必直接办幼儿园，导致政府办园的积极性降低、公办幼儿园数量不断减少；社会力量办园的积极性提高，但同时营利性目的逐渐增强。此时的幼儿园教育财政经费主要分为三类：一类是政府面向公办幼儿园的财政投入，计入公共财政预算之中；一类是机关及事业单位和教育系统针对本系统公办幼儿园的财政投入，列支在政府的公共教育经费之中；还有一类是军队、其他事业单位及部分保留的国有企业幼儿园，从军费、事业单位经费、国有企业利润中列支办园经费。[1] 可以说，政府的财政投入形式仍然

---

　　[1]　韩潇筠：《公共财政视域下的陕西学前教育改革研究》，硕士学位论文，西北大学，2011年，第11页。

沿用的是计划经济时期的单位投入制模式，各单位投入经费的多少依据人员编制和本单位的财力状况而定。这就导致政府、部队和一些效益好的事业单位所办幼儿园的质量水平较高。但是这些幼儿园的服务对象主要是政府机关公务员子女或事业单位的职工子女，公共财政成为了少数人的福利，造成普通群众的子女入公办幼儿园难的现实。另外，由于幼儿教师编制长期短缺，公办幼儿园不得不面向社会自主招聘非编制人员，为了保证这部分教师的待遇，公办幼儿园开始向家长收取高额赞助费。鉴于公办幼儿园声誉较好、数量却供不应求，家长们不得不支付这些政策规定之外的费用。而民办幼儿园的经费自筹，它们得不到国家的任何财政补贴。因此，民办园大多按照市场方式运营，普遍以营利为主要目的。再加上民办幼儿园的收费标准实行备案制，监管方面的不到位很容易造成部分民办幼儿园收取千元甚至上万元的保教费用，其中隐藏的暴利是以家庭的沉重经济负担为代价的。家长缴纳的幼儿园费用逐渐成为幼儿园收入的主要来源，幼儿教育发展的过度市场化使得家庭承担了本应由政府、社会和家庭共同分担的教育成本，引起公众的不满。越来越多的人意识到，幼儿教育的公益性必须以政府承担主导责任作为保障。

四　公平取向的幼儿教育财政经费分配尝试

　　面对"入园难、入园贵"情况的日益加剧，政府已经意识到过度依赖市场和家庭购买来发展幼儿教育的弊端。2010 年，《国家中长期教育改革和发展规划纲要（2010—2020 年）》一方面强调幼儿教育的重要意义，并将学前教育真正纳入国民教育体系；另一方面提出"建立政府主导、社会参与、公办民办并举的办园体制。要大力发展公办幼儿园，积极扶持民办幼儿园。加大政府投入，完善成本合理分担机制，对家庭经济困难幼儿入园给予补助"。紧接着 2010 年 11 月出台了《国务院关于当前发展学前教育的若干意见》，明确了通过发展公办幼儿园提供"广覆盖、保基本"的幼儿教育公共服务，积极扶持面向大众、收费较低的普惠性民办幼儿园的发展。并且强调财政性学前教育经费要在同级财政性教育经费中占合理比例，中央财政设立的专项经费主要用于支持中西部农村地区、少数民族地区和边疆地区的幼儿教育发展。2011 年 9 月，财政部、教育部联合发出《关于加大财政投入支持学前教育发展的通知》，规定了财政支持学前教育发展的四项基本原则，分别是："政府主导，社会参与；地方为主，中央奖补；因地制宜，突出重点；立足长远，创新机制"。中央财政计划在"十二五"期间安排 500 亿元，通过四大类七个重点项目支持中西部地区和东部困难地区发展农村学前教育，包括支持中西部农村的校舍改建类项目、鼓励社会参与多渠道办园的综合奖补类项目、幼儿教师国家级培训计划与学前教育资助等，四大类项目规定了中央财政投入的区域、投入方式和投入类型。虽然地方政府是发展幼儿教育的责任主体，但是中央财政也已经明确作为幼儿教育经费投入的主体，通过项目性财政投入发挥财政的导向功能。中央财政支持国家层面实施的学前教育重大项目，是新中国成立以来中央财政对学前教育投入力度最大的一次。上述政策的陆续出台，表明了中央政府财政支持发展学前教育的决心，激励并调动了地方政府财政投入学前教育的积极性和责任感。在政策内容方面以公平和均衡的价值取向为主，财政经费优先向农村和弱势群体倾斜，坚持公平优先，兼顾效率，以及弱势群体补偿的原则。

随着 2010—2012 年国家多项幼儿教育政策的出台，特别是各地"学前教育三年行动计划（2011—2013 年）"的制定与实施，地方政府在加大幼儿教育财政经费投入总量的同时，正在尝试采取多种财政投入方式为进入不同类型幼儿园的幼儿及其家庭分担教育费用，体现公平的财政经费分配原则。

第三节　中国幼儿教育费用分担政策的特点

整体而言，我国幼儿教育费用的分担情况是与社会变迁过程中各方面的改革密切相关的。在 2010 年之前，幼儿教育经费的总量没有显著增加，多数情况下是在不同分担主体之间的替代性关系变化。根据各类幼儿园服务的幼儿人数比例、服务（成本）水平、家庭缴费水平和其他资金来源的结构，我们可以大致总结出各个历史时期幼儿教育费用分担主体投入比例的变化：20 世纪 50 年代至 90 年代中期，政府财政投入比例最高，集体经费投入次之，个人投入费用最少；20 世纪 90 年代中期以来，家庭投入比例最高，政府投入次之，集体投入最少。[①] 从不同类型幼儿园经费的分担主体来看，只有进入公办幼儿园的幼儿及其家庭才能享受到政府的财政补贴。教育部门举办的幼儿园获得了绝大部分财政经费，长期以政府财政投入为主、家庭缴费为辅。但是从 20 世纪 90 年代后期以来，由于优质幼儿教育机构供需矛盾的加剧，导致了"捐资助学费"普遍化，教育部门办园中部分家庭负担的费用比重大大提高。机关和企事业单位等举办的幼儿园，在 20 世纪 80 年代以前，除少量从幼儿家庭收取费用外，幼儿园财政经费主要在国有企业营业外支出中列支、机关和事业单位福利费中列支。改革开放以前，国有企业、机关和事业单位的财务与国家财政实际上是一体的，无论是企业的营业外支出还是机关、事业单位的福利费都属于财政支出。因此，所谓部门负担或单位福利供给，终究都是政府负担。改革开放以后，特别是1994 年国有企事业单位改革后，部门办幼儿园的数量大幅减少，存留的部分幼儿园也难以像过去一样从本单位获得较多的经费资

---

① 田志磊、张雪：《中国学前教育财政投入的问题与改革》，《北京师范大学学报》（社会科学版）2011 年第 5 期。

源，家庭缴费成为幼儿园主要的经费来源。城镇集体所办幼儿园最初的收入来源包括街道自有收入（街道企业利润等）、民政部门的补助、家长单位交纳的管理费和家庭缴纳的费用等。但是20世纪90年代以后，不少城镇集体办园改制为民办性质，家庭缴费成为幼儿园最主要的收入来源。民办幼儿园在20世纪50年代中期至改革开放之前这个时期的园所数量很少，到了20世纪80年代开始恢复并发展，目前已经占据幼儿教育的半壁江山。民办幼儿园投资者投入的资金，绝大多数是要求回报的，通过幼儿园运行过程中的收费将资金逐渐回收到投资者手中，投资者的资金投入实际上只是一种垫付，家庭缴费才是民办幼儿园真正最主要的资金来源。纵观中国幼儿教育费用分担政策的发展历史，我国财政投入幼儿教育呈现出倾斜性的投入特点，并且，幼儿的户籍与家长的社会经济地位对于幼儿进入何种类型的幼儿园有着较大的影响。

一　财政经费投入的倾斜性

中华人民共和国成立之前的边区政府采用包办党、政、军托幼机构的方式，重点对这些托幼机构投入财政经费。新中国成立之后，依然延续了这种财政经费投入模式，将政府创办的幼儿园经费列入地方教育事业费内统筹统支，其他公办和民办幼儿园的经费由设立者或董事会提供。20世纪50年代至70年代，政府为其直接创办的幼儿园拨付经费，对于其他机关、部队、企事业单位办的幼儿园，政策规定将其经费开支纳入单位福利补助金或后勤服务开支，这些附属幼儿园可获得的财政经费与直属单位的福利状况相联系。总之，公办幼儿园获得的财政经费是按照隶属关系拨付的。到了20世纪80年代，社会力量办园逐渐兴起。伴随着20世纪90年代的税费制度改革，企业单位逐渐从附属幼儿园撤资，企业办园的数量也急剧下降。这样一来，公办幼儿园的数量随之减少，政府财政投入的公办幼儿园仅剩下政府、事业单位、部队和部分企业举办的幼儿园。随后，在政府拨付的财政性幼儿教育经费不变甚至有所增加的情况下，财政投入的倾斜性特征愈加明显。

有报道称，2013 年广州市 7 所机关幼儿园的财政经费预算为 9574.8 万元，约占 2013 年广州市学前教育专项经费（3.1 亿元）的 1/3。① 针对这一突出问题，地方政府也在积极寻找解决方法。广州市政府计划在 2013 年将公办幼儿园 70% 的学位实行电脑派位，剩余 30% 的学位由幼儿园自主招生。公办幼儿园面向社会电脑派位的招生比例还将逐年提高，2013 年为 70%，2014 年要达到 80%，直至 2016 年不低于 90%。并且，广州市将逐步取消机关幼儿园，所有市属幼儿园将全部归口教育部门管理，面向社会招生。②

二　户籍制度、单位体系下幼儿入园的区别对待

在清政府时期，湖北幼稚园的收费就严格按照地域的不同（幼儿是否属于本省）而实行有差别的收费标准：本省幼儿可以免收学费，而外省幼儿则需要缴纳学费和其他各种费用。确定幼儿所属省市的有效标识是户籍。我国现行的户籍制度是为了适应计划经济体制而逐步建立起来的。户籍制度作为中国的基本行政制度之一，不仅是一种人口管理的手段，而且还承担着重要的社会资源配置功能。公立幼儿园普遍采取以户口所在地为依据的就近招生原则。因此，幼儿的户籍情况是影响其能否进入公办幼儿园的首要门槛。

其次，政府机关和事业单位举办的幼儿园并未完全按照就近

① 毕嘉琪：《广州 7 所机关幼儿园预算支出 9500 余万》，http://news. sina. com. cn/c/2013 - 02 - 27/082026372051. shtml。

② 王华、刘乐：《广州机关幼儿园将取消，对外公开招生》，http://www. eeo. com. cn/2012/0816/231960. shtml。

入园的原则，而是主要招收政府和事业单位工作人员的子女。在1955年之前，政府办园中的幼儿享有公费生待遇，《关于取消中、小学，幼儿园学生公费待遇的通知》发布后部分幼儿的公费生待遇被取消，并且需要交纳一定的费用。但是，干部家庭子女进入政府创办的幼儿园接受幼儿教育的资格依然保留。20世纪50年代的国家机关、部队、企事业单位附属幼儿园被认为是单位为职工提供的劳动保障和社会福利的一部分，幼儿依据父母亲所在的工作单位性质不同而进入相应的附属幼儿园。直至20世纪80年代，《关于加强幼儿教育工作的意见》才提出要鼓励有条件的单位办园向社会开放，吸收附近居民的子女入园。然而，教学质量较好的公办幼儿园只有在满足了本单位职工子女的入园需求之后才会面向社会招生，并且面向社会开放的入园名额通常是有附加条件的，例如家庭需缴纳"捐资助学费"或者实行有区别的收费标准。

然而，无论是户籍制度还是单位体系下的幼儿入园区别对待，这些看似保证了幼儿获得教育机会的表象下隐藏着个体享有幼儿教育资源的不公平，幼儿享有教育资源的机会是与家庭的社会经济状况密切相关的，致使城市低收入阶层家庭的子女很难获得优质的幼儿教育资源。

第三章

幼儿教育费用分担的实证调查

第一节　政府财政投入幼儿教育的实证分析

一　政府财政投入幼儿教育的比例

研究者普遍选用各国幼儿教育财政经费占 GDP 的百分比、幼儿教育财政经费占财政教育总经费的比例这两个指标来衡量政府对幼儿教育的财政投入力度。幼儿教育财政经费占 GDP 的比例反映了政府财政投入幼儿教育的水平，幼儿教育财政经费占本国财政教育总经费的比例能够较好地反映政府对幼儿教育地位的重视程度。

表3—1 的数据显示，多年来我国幼儿教育财政经费投入仅占国家 GDP 的 0.04% 左右，幼儿教育财政经费占财政教育总经费的比重一直保持在 1.2%—1.3%。2010 年幼儿教育财政经费显著增加，占国家 GDP 的 0.061%，占财政性教育总经费的比例增至 1.67%，但是经费总量仍然严重不足，远远低于其他国家的公共经费投入水平。随着各地"学前教育三年行动计划（2011—2013 年）"的制定和实施，2011 年至 2013 年，中央财政性幼儿教育项目经费投入 500 亿元，带动地方各级财政投入 1600 多亿元，2011 年幼儿教育财政经费占财政性教育总经费的比例提升至 2.24%，2012 年提高至 3.4%。[1]

---

[1] 韩秉志：《教育部：3 年来学前教育财政投入持续加大》，《经济日报》2014 年 2 月 27 日第 6 版。

表 3—1　　2000—2011 年我国幼儿教育财政经费投入情况

年份	国家财政性教育经费（亿元）	国家财政性幼儿教育经费（亿元）	其中预算内幼儿教育经费（亿元）	财政性幼儿教育经费占财政性教育经费比重（%）	财政性幼儿教育经费占GDP比重（%）
2000	2562.61	31.00	28.86	1.21	0.031
2001	3057.01	36.39	34.68	1.19	0.033
2002	3491.4	41.64	39.73	1.19	0.035
2003	3850.62	46.24	44.12	1.20	0.034
2004	4465.86	54.50	51.97	1.22	0.034
2005	5161.08	65.72	62.08	1.27	0.036
2006	6348.36	79.51	73.20	1.25	0.038
2007	8280.21	102.83	95.49	1.24	0.041
2008	10449.63	132.94	122.79	1.27	0.044
2009	12231.09	166.27	152.45	1.36	0.050
2010	14670.07	244.35	218.74	1.67	0.061
2011	18586.70	415.70	351.64	2.24	0.088

数据来源：2001—2011 年《中国教育经费统计年鉴》、2013 年《中国统计年鉴》。

　　我国的幼儿教育费用是通过多渠道来筹措的，主要包括三个部分：财政收入、事业收入（其中最主要的是学杂费）和其他收入，它们大致反映了政府、家庭和社会分担幼儿教育费用的情况。由于家庭分担幼儿教育费用的形式是以缴纳学杂费为主，因此，表 3—2 中将事业收入中的学杂费收入也单独列支出来进行比较。

表3—2   幼儿教育费用的来源情况   单位：亿元

年份	幼儿教育总费用	财政性幼儿教育经费	事业收入	（事业收入中的）学杂费	其他收入
2005	104.55	65.72 (62.86%)	33.65 (32.19%)	15 (14.35%)	3.29 (3.15%)
2006	124.53	79.51 (63.85%)	39.97 (32.10%)	17.62 (14.15%)	3.52 (2.83%)
2007	157.14	102.83 (65.44%)	48.26 (30.71%)	—	4.52 (2.88%)
2008	198.84	132.94 (66.86%)	60.29 (30.32%)	48.92 (24.60%)	4.15 (2.09%)
2009	244.79	166.27 (67.92%)	72.46 (29.60%)	63.57 (25.97%)	4.22 (1.72%)
2010	728.01	244.35 (33.56%)	434.21 (59.64%)	384.20 (52.77%)	16.32 (2.24%)
2011	1018.58	415.70 (40.81%)	549.76 (53.97%)	492.73 (48.37%)	18.86 (1.85%)

注：2007年"学杂费"数据缺失。

数据来源：2006—2011年《中国教育经费统计年鉴》、2013年《中国统计年鉴》。

对表3—2中幼儿教育费用的来源进行纵向比较发现，国家财政性幼儿教育经费、学杂费和其他收入均逐年增长。国家财政性幼儿教育经费一直是我国幼儿教育费用最重要的来源，2005—2009年我国幼儿教育财政经费占幼儿教育总费用的比例约为65.39%。虽然幼儿教育财政经费的占比在以每年约1%的比例稳步提高，但是其增加的速度远远低于学杂费占比的增长速度，2009年幼儿园学杂费的占比高于2005年11.62个百分点。到了2010年，幼儿园学杂费所占比例提升至52.77%，财政性幼儿教育经费仅占幼儿教育总费用的33.56%，表明家庭分担幼儿教育费用的比例已经高于政府的分担份额。2011

年财政性幼儿教育经费约占幼儿教育总费用的40.81%，比例开始回升。幼儿教育费用中的"其他收入"数额一直较少，并且其所占比例有不断减小的趋势，2005—2009年平均每年大约减少0.4%。2010年"其他收入"所占的比例虽然有所提升，但是也仅为2.24%。由此可见，政府和家庭是幼儿教育费用分担的主体，幼儿教育财政经费和学杂费是幼儿园收入的主要来源。

二 政府财政投入不同类型幼儿园的调查

为了更确切地了解不同类型幼儿园中政府分担经费的具体情况，本书选取北京师范大学课题组于2010—2011年在浙江省、河南省和四川省收集的相关幼儿园经费来源数据，并亲自收集了河南省样本幼儿园的相关数据，以分析不同类型幼儿园中政府的财政经费投入情况。样本幼儿园涵盖我国东、中、西部三个省，每个省依据城市的经济发展水平选取好、中、差三个层次的城市各一个，三省九市（杭州市、金华市、丽水市、郑州市、焦作市、开封市、绵阳市、南充市、自贡市）共选取97所样本幼儿园。样本幼儿园的办园类型如下表所示：

表3—3　　　　　样本幼儿园的办园类型分布情况

园所类型	样本数	所占比例（%）
教育部门办园	52	53.6
机关及企事业单位办园	20	20.6
民办园	25	25.8

有关"幼儿园经费来源调查"的样本幼儿园包含52所教育部门办园，20所机关及企事业单位办园和25所民办幼儿园。

（一）不同类型幼儿园的经费来源

表3—4　　　　　　不同类型幼儿园的经费来源情况

园所类型	经费来源	园所数	比例（%）
教育部门办园	全额拨款	34	65.4
	差额拨款	13	25.0
	自收自支	5	9.6
机关及企事业单位办园	全额拨款	6	30.0
	差额拨款	10	50.0
	自收自支	4	20.0
民办园	自收自支	25	100.0

调查显示，教育部门办园的经费来源以财政全额拨款为主，全额拨款的教育部门办园有34所（占65.4%），差额拨款的教育部门办园有13所（占25%），自收自支的教育部门办园有5所（占9.6%）。其中，自收自支的教育部门办园均为小学附设幼儿园，房产归小学所有，幼儿园的全部运营经费来自家长缴纳的费用。机关及企事业单位办园的经费来源以差额拨款为主，差额拨款的幼儿园有10所（占50%），全额拨款的幼儿园有6所（30%），自收自支的幼儿园有4所（20%）。民办幼儿园（25所）中的经费来源全部为自收自支，完全依靠向家长收费。

（二）不同类型幼儿园中政府财政分担的情况

本书从幼儿园收入来源的角度，将幼儿园教育费用分为三部分：财政拨款、幼儿园收费和其他收入。调查显示，幼儿园的基本收费包括保教费、伙食费和学习用品费，其中伙食费和学习用品费属于专款专用。

表3—5　　　　　　　不同类型幼儿园的收入来源占比　　　　单位:%

	财政拨款占比	保教费占比	其他收入占比
教育部门办园	46.58	52.58	0.83
机关及企事业单位办园	37.42	61.82	0.76
民办园	0	99.72	0.28
均值	28	71.37	0.62

　　平均来看,政府在不同类型幼儿园教育费用中的分担比例为28%,家庭需要分担71.37%,幼儿园在财政拨款和家庭缴费之外几乎没有其他收入,"其他收入"所占比例不足幼儿园总收入的1%。教育部门办园中政府财政经费分担的比例最大为46.58%,家庭的分担比例相对最小为52.58%。机关及企事业单位办园中政府的财政拨款约占37.42%,家庭需要承担61.82%的教育费用。民办园中没有财政拨款,"其他收入"的占比也小于其他类型的幼儿园,因此家庭承担幼儿园教育费用的比例高达99.72%,几乎是由家庭全部承担。

　　进一步分析有财政投入的幼儿园中政府分担的经费比例,调查显示教育部门办园中(47所)政府分担的比例提高至51.54%;机关及企事业单位办园中(16所)政府分担的比例提高至46.78%。政府财政投入幼儿园的最主要方式是拨付人员经费。教育部门办园中的在编教师比例达到55%左右,机关及企事业单位办园中的在编教师比例约为42%。

表3—6　　　　不同类型幼儿园的生均财政经费情况　　　单位:元/年

办园类型	样本数	最小值	最大值	均值	标准差	中位数
教育部门办园	52	0	15278	1668	2373	1222
机关及企事业单位办园	20	0	4150	1140	1101	1047
民办园	25	0	0	0	0	0

表3—6中显示了不同类型幼儿园中的生均财政经费情况，整体来看，教育部门办园获得的生均财政经费要高于机关及企事业单位幼儿园。教育部门办园的生均财政经费约为1668元/年，机关及企事业单位办园中的生均财政经费约为1140元/年。从标准差可以看出，教育部门办园之间获得的生均财政经费差别要大于机关及企事业单位幼儿园。获得财政拨款的教育部门办园中生均财政经费最多可达到15278元/年，最低仅为161元/年，前者约是后者的95倍，表明即使同属于教育部门办园，政府的财政经费投入也存在明显的倾斜性特点。

进一步分析获得财政投入的公办幼儿园中的生均财政经费情况显示，从平均数来看，教育部门办园中的生均财政经费仍然高于机关及企事业单位办园，前者的生均财政经费平均为1846元/年，后者的生均财政经费平均为1424元/年。但是从中位数来看，机关及企事业单位办园中的生均财政经费为1430元/年，而教育部门办园的生均财政经费为1277元/年，再次说明教育部门办园内部获得财政性教育经费的差别之大，即政府的财政经费是重点投入某些教育部门办园的。

（三）调查结果

根据调研数据的统计结果显示，教育部门办园、机关及企事业单位办园中分别有90.4%、80%的幼儿园能够获得政府的财政投入，而民办园中没有幼儿园能够获得财政投入，这是与我国的财政性教育经费投入以主办单位按人员编制拨款的方式相联系的。即使是获得财政投入的公办幼儿园，由于财政拨款的主要项目是人员经费，而在编教师的比例平均不足50%，因此政府财政经费的投入比例均值也仅为49.16%。很多地区政府和举办单位只拨付在编教师工资，没有公用经费，差额拨款公办园的园舍修缮费、设施设备购买费用、非在编教师的工资与福利等费用均来源于家庭缴费。不同教育部门办园获得的财政经费差别较大，虽然有65.4%的教育部门办园能够获得全额拨款，但是小学附设幼儿园的经费多为自收自支；机关及企事业单位办园的经费来源以差额拨款为主，能够获得全额拨款的机关及企事业单位办园约占30%。调查结果显示出我国幼儿教育财政经费集中投入部分公办幼儿园的倾斜性特征。

第二节　家庭支付幼儿教育费用的情况调查

上一节着重探讨了幼儿教育财政经费主要投入部分公办幼儿园的事实，那么，这些公办幼儿园主要面向哪些家庭群体，政府重点是为哪些家庭分担了幼儿教育费用呢？有什么因素影响家庭在幼儿园类型方面的选择？面对家庭分担幼儿教育费用的比例不断增大，究竟幼儿园收费带给家庭的经济负担有多重？只有充分了解家庭支付幼儿教育的支出水平及负担状况，才能为政府制定相关的经费支持政策提供论据。

北京师范大学课题组于2010年10月到2011年6月通过问卷调查的方式研究了我国3—6岁儿童家庭的幼儿教育消费支出情况。基于东、中、西部地域的划分，我们在城市的选取上兼顾城市的经济发展水平和综合实力情况，最终选取北京、天津、石家庄、唐山、武汉、郑州、南昌、呼和浩特、重庆和贵阳10个城市，每个城市以幼儿园为单位，在兼顾幼儿园类型和办园等级的前提下分别抽取幼儿园大、中、小班的幼儿家庭发放问卷。本次调查共选取98所幼儿园，回收有效问卷7718份，有效问卷回收率为85.5%。

表3—7　　　　　　　　样本家庭的地区分布情况

地区	省份	城市名称	线级	样本数	所占比例（%）
东部		北京市	一线	866	11.2
		天津市	二线强①	631	8.2
	河北省	石家庄市	二线弱	695	9.0
		唐山市	准二线	419	5.4
中部	湖北省	武汉市	二线中	2064	26.7
	河南省	郑州市	二线弱	831	10.8
	江西省	南昌市	二线弱	495	6.4
西部	内蒙古	呼和浩特市	准二线	529	6.9
		重庆市	二线强	725	9.4
	贵州省	贵阳市	准二线	463	6.0

　　本书运用SPSS11.5统计软件进行数据分析。鉴于研究目的是以家庭支付教育费用代价的角度分析家庭的负担情况，因此以不同城市的"人均可支配收入"作为系数对家庭的幼儿教育支出数据进行了调整。调查结果显示，家庭有关幼儿教育的消费支出结构主要包括支付给幼儿园的园内教育支出和在幼儿园之外为孩子教育而消费的支出。其中，幼儿园消费包括保教费、学习用品费、伙食费、捐资助学费和幼儿参加园内兴趣班等"其他费用"；园外消费主要包括为孩子购买玩具、图书、音像制品以及在园外上兴趣班、请家教的费用。

---

　　①　二线城市（百度百科），http://baike.baidu.com/view/3001382.htm。

表3—8　　　　　　家庭有关幼儿教育的消费支出结构　　　单位：元/月

支出类型	支出项目	平均值	标准差
园内消费	幼儿园费用	993.73	934.16
园外消费	玩具、图书、音像制品费	127.34	139.90
	兴趣班、家教费	333.85	401.72

　　统计结果显示，样本家庭支付的幼儿园费用平均为 993.73元/月，园外消费均值为 461.19 元/月，家庭的幼儿教育消费总支出约为 1454.92 元/月。通过计算可知，园内消费占家庭幼儿教育消费总支出的比例为 68.3%，园外消费占 31.7%，表明幼儿园费用支出是家庭有关幼儿教育消费的主要方面。

一　家庭的园内教育支出结构

（一）家庭的园内教育支出结构及水平

　　本书主要考察的是家庭的园内教育支出情况，即家庭支付给幼儿园的费用结构，以及幼儿园教育支出给家庭带来的经济负担状况。综合调查期间各地幼儿园的收费项目，问卷中将家庭的园内教育支出划分为保教费、学习用品费、伙食费、捐资助学费和其他费用五项。有些家长可能并不清楚幼儿园收费的具体款项，问卷中还设计了"每月交给幼儿园的费用"一栏。魏新、邱黎强（1998）根据家庭教育支出所涵盖的范围，提出基本教育支出是指受教育者应该支付的最起码的教育支出，包括学费、杂费、托幼费、学前班费、学校指定的教材及参考资料费、文具费、为求学而支出的食宿费；选择性教育支出是指家庭为学生择校而支付的费用，包括为子女入学而支付的捐资集资、择校费等。[①] 依据此种划分，本书将家庭的园内教育支出分为基本教育支出（保

---

① 魏新、邱黎强：《中国城镇居民家庭收入及教育支出负担率研究》，《教育与经济》1998 年第 4 期。

教费、学习用品费、伙食费）和选择性教育支出（捐资助学费、
其他费用）两种类型。①

表3—9　　　　　　　　家庭的园内教育支出结构　　　　单位：元/月

支出类型	支出项目	平均值	标准差
	幼儿园收费	993.73	934.16
基本教育支出	保教费	539.97	772.40
	学习用品费	90.53	149.92
	伙食费	250.82	136.34
选择性教育支出	捐资助学费	317.28	581.10
	其他费用	159.09	260.96

　　统计结果显示，样本家庭支付给幼儿园的费用约为993.73
元/月。从标准差来看，不同家庭的园内教育支出水平差别较大，
结合具体的支出项目来看，差别主要体现在保教费方面。家庭在
幼儿园学习用品费、伙食费方面的支出差别并不大，支出均值分
别为90.53元/月和250.82元/月。基本教育支出中的保教费是
交由幼儿园使用、保证正常办园的费用，伙食费和学习用品费是
幼儿园代收代管的费用，实行专款专用。

　　早在2003年，国务院发布的《关于幼儿教育改革与发展的
指导意见》就明确指出幼儿园不得以开办兴趣班等为由另外收取
费用，不得收取与幼儿入园挂钩的赞助费等。但是本次调查结果
显示，仍然有41.2%的家庭需要支付选择性教育费用。为了更
清楚地分析家庭的园内教育支出结构及各项收费所占的比例，本
书以是否有"选择性教育支出"将样本家庭划分为两类：无选
择性教育支出的家庭（Ⅰ类家庭）和有选择性教育支出的家庭

①　刘焱、宋妍萍：《我国城市3—6岁儿童家庭学前教育消费支出水平
调查》，《华中师范大学学报》（人文社会科学版）2013年第52卷第1期。

（Ⅱ类家庭）。

表3—10　家庭（有无"选择性教育支出"）的园内教育
支出结构占比

		Ⅰ类家庭（58.8%）			Ⅱ类家庭（41.2%）		
		均值（元）	标准差（元）	占园内教育支出比例（%）	均值（元）	标准差（元）	占园内教育支出比例（%）
基本教育支出	保教费	626.66	882.76	64.58	477.55	675.26	43.06
	学习用品费	98.21	199.36	10.12	86.60	116.61	7.81
	伙食费	245.42	158.67	25.29	254.46	118.85	22.95
	以上总计	970.29		100	818.60		73.82
选择性教育支出	捐资助学费＋其他费用	0	0	0	290.34	508.94	26.18
园内教育总支出		970.29		100	1108.94		100

注：由于选择性教育支出中，有的家庭只支付"捐资助学费"，有的家庭只支付"其他费用"，有的家庭两项均支付。本表中的"选择性教育支出"指的是家庭实际支付的所有选择性教育支出，因此其均值并不等于上表中"捐资助学费"和"其他费用"的均值之和。

统计结果显示，41.2%的家庭有选择性教育支出。有选择性教育支出的家庭（Ⅱ类家庭）其园内教育总支出高于无选择性教育支出的家庭（Ⅰ类家庭）138.65元/月，Ⅱ类家庭的选择性教育支出均值为290.34元/月。单就基本教育支出来看，Ⅱ类家庭的支出均值低于Ⅰ类家庭约150元/月，主要体现在保教费支出方面，两类家庭在学习用品费和伙食费方面的支出差别不大。Ⅰ类家庭中的保教费支出占园内教育支出的比例最大为64.58%，其次是伙食费支出占25.29%，学习用品费支出占

10.12%。Ⅱ类家庭中的保教费支出比例低于前者21个百分点，但仍然是支出比例最大的一项费用，其次是选择性教育支出约占园内教育支出的26.18%，略高于伙食费支出的比例。从数据的统计结果来看，Ⅱ类家庭是以选择性教育支出追加了保教费用，最终均值高于Ⅰ类家庭。如果去掉选择性教育支出，Ⅱ类家庭的园内基本教育支出将低于Ⅰ类家庭。

（二）不同类型幼儿园家庭的园内教育支出水平

本次调查中的样本家庭以所在幼儿园类型来划分，包括教育部门办园、机关及事业单位办园、民办园、企业单位办园和街道办园。

以"幼儿园收费"作为家庭的园内教育总支出进行分析，街道办园家庭的园内教育支出最大为1366.52元/月，其次是民办园家庭的支出为1321.22元/月，教育部门办园家庭的支出为918.29元/月，机关及事业单位办园中家庭的支出为873.51元/月，企业办园中家庭的园内教育支出最小为813.72元/月。

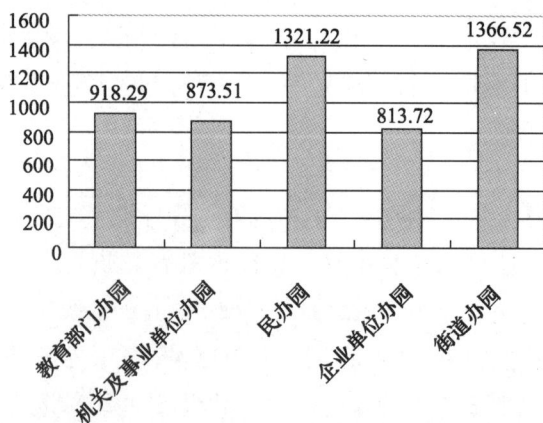

图3—1　不同类型幼儿园家庭的园内教育总支出　单位：元/月

在基本教育支出方面，不同类型幼儿园家庭的支出均值排序

为：民办园 > 街道办园 > 教育部门办园 > 机关及事业单位办园 >
企业办园，如表3—11所示。这与园内教育总支出的排序有一点
不同，上述街道办园家庭的园内教育总支出高于民办园，而其基
本教育支出却低于民办园，说明街道办园家庭的选择性教育支出
要高于民办园。在"保教费"支出中，民办园家庭的此项支出
显著高于其他类型幼儿园，而且标准差显示，民办园内部不同家
庭的保教费支出差别较大。具体分析发现，民办园的保教费最低
仅为100元/月，最高可达到5700元/月。在"学习用品费"方
面，街道办园和民办园中家庭的支出较高。企业办园的"伙食
费"显著低于其他类型幼儿园。

表3—11　　**不同类型幼儿园家庭的基本教育支出情况** 单位：元/月

园所类型	保教费		学习用品费		伙食费		基本教育支出
	均值	标准差	均值	标准差	均值	标准差	均值
教育部门办园	447.40	390.71	86.15	92.03	268.08	130.98	801.63
机关及事业单位办园	385.28	329.64	78.32	85.35	244.71	106.89	708.31
民办园	933.64	1349.64	120.71	279.13	257.17	188.45	1311.52
企业办园	366.63	310.27	85.12	64.58	188.42	85.66	640.17
街道办园	613.59	558.15	129.82	169.60	305.71	119.24	1049.12

进一步分析家庭的选择性教育支出情况发现，五种类型的幼
儿园家庭中均出现不同程度的支付选择性教育费用现象，其中街
道办园、机关及事业单位办园和教育部门办园中家庭支付"捐资
助学费"和"其他费用"的情况较严重。街道办园、机关及事业
单位办园中有一半的家庭需支付选择性教育支出，教育部门办园中
支付选择性教育支出的家庭比例也高达41.7%。就选择性教育支出
的均值来看，教育部门办园内家庭的选择性教育支出最高为320.28
元/月，企业办园中家庭的此项支出显著低于其他类型幼儿园。

表 3—12　　　　　不同类型幼儿园家庭的选择性
教育支出情况　　　　　单位：元/月

园所类型	捐资助学费			其他费用			选择性教育支出	
	均值	标准差	支出家庭比例（%）	均值	标准差	支出家庭比例（%）	均值	支出家庭比例（%）
教育部门办园	358.69	519.21	27.1	147.30	184.11	24.7	320.28	41.7
机关及事业单位办园	331.62	696.55	29.5	135.52	189.86	36.4	296.52	49.7
民办园	276.94	292.03	9.7	199.84	378.72	28.2	274.49	30.3
企业办园	125.89	128.04	13.8	161.87	247.65	29.4	189.42	33.1
街道办园	178.65	222.43	36.6	254.54	375.32	28.2	275.54	49.8

注：选择性教育支出以幼儿园家庭的实际支出均值计算，有些家庭的选择性教育支出包括"捐资助学费"和"其他费用"，有些家庭只支付其中一项费用。因此，选择性教育支出均值不等于"捐资助学费"与"其他费用"的均值之和。

在"捐资助学费"方面，教育部门办园和机关及事业单位办园中家庭的支出均值较高，约为 345 元/月，同时这两类幼儿园中家庭支出水平的离散性较大，最高支出为 1200 元/月，最低平均 50 元/月。街道办园和企业办园中家庭的此项支出均值较小，约为 139 元/月，不同家庭支出水平的离散性也较小，表明这两类幼儿园中家庭的"捐资助学费"支出均处于较低水平。在"幼儿园其他费用"支出方面，街道办园和民办园的家庭支出均值较高，约为 227 元/月，家庭支出的离散性相对较大；企业办园、教育部门办园、机关及事业单位幼儿园中家庭的此项支出没有显著性差异，支出均值约为 148 元/月。

政府对于幼儿教育经费投入的不足必然导致家庭支付幼儿园费用的增多，进而使幼儿园教育作为私有产品的竞争性逐渐增强，于是幼儿家长为了让子女获得优质的教育资源而通过支付选择性教育费用展开竞争。教育部门办园和机关及事业单位办园作为我国公办幼儿园的主体，长期拥有较稳定的财政经费支持，其师资优势明显优于其他类型的幼儿园，社会声誉也普遍较好。然而，这两类幼儿园的数量毕竟有限，2008 年我国教育部门办园仅占幼儿园总数的 20.5%。这些幼儿园凭借其提供优质幼儿教育的特权而形成大量潜在的权力租金。街道幼儿园从开办之日起，就一直实行"独立核算、以收抵支、差额补助、结余留用"的财务管理体制，幼儿园的主要收入来源就是向幼儿家长收取的保教费和赞助费。[①] 因此，这三类幼儿园中支付"捐资助学费"家庭的比例较高。但是由于街道幼儿园的声誉仍然不及教育部门办园和机关及事业单位办园，因此街道办园中家庭支付"捐资助学费"的均值显著低于另外两类公办幼儿园。

二 家庭的园内教育支出负担

（一）不同收入阶层家庭的园内教育支出负担

中国国家统计局通过住户调查显示，2010 年我国城镇居民全年人均可支配收入是 19109 元，城镇居民家庭人均总收入21033 元。以本次问卷调查的结果来计算，家庭一年中 10 个月的幼儿园教育费用支出约为 9937.3 元，占城镇居民家庭人均可支配收入的 52%、占人均总收入的 47.2%。根据中国社会科学院城市发展与环境研究所发布的《2011 中国城市发展报告》指出，按照 2010 年《中国统计年鉴》的数据，中国目前城市合理的贫困线大约在人均年收入 7500 元至 8500 元之间，中国城市中等收入阶层的人均可支配收入在 1.62 万元与 3.73 万元之间。[②] 为了

---

① 张燕、吴英：《北京市街道幼儿园发展历程的回顾与反思》，《学前教育研究》2006 年第 6 期。

② 陈郁：《2011 年中国城市蓝皮书发布》，http：//www. ce. cn/xwzx/gnsz/gdxw/201108/03/t20110803_ 22585738. shtml。

进一步了解不同收入水平家庭的幼儿园教育支出负担状况，本书将样本家庭划分为四类进行分析：贫困家庭（月收入 3000 元以下）、低收入家庭（月收入 3000—5000 元）、中等收入家庭（月收入 5000—10000 元）和高收入家庭（月收入 10000 元以上）。

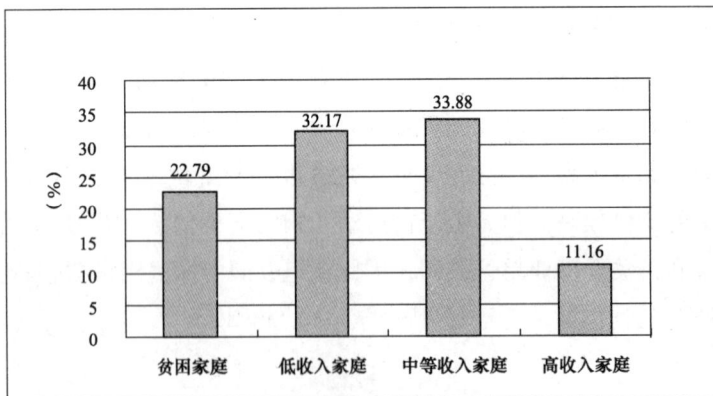

图 3—2   样本家庭所处的收入阶层分布

本次调查中的样本家庭以中等、低收入家庭为主，分别占样本总量的 33.88% 和 32.17%，贫困家庭所占的比例为 22.79%，基本上与全国整体的收入分布情况相似。

表 3—13   不同收入阶层家庭的园内教育支出实际负担与
可接受负担情况

收入阶层	实际支出的幼儿园费用			可接受的幼儿园费用	
	均值（元/月）	标准差（元/月）	占家庭月收入的比例（%）	均值（元/月）	占家庭月收入的比例（%）
贫困家庭	723.23	552.32	27.09	390.00	14.61
低收入家庭	818.64	568.00	18.44	515.00	11.60
中等收入家庭	1043.25	811.34	14.28	691.00	9.46
高收入家庭	1934.32	1799.98	12.08	1250.00	7.81

　　统计结果表明，家庭的园内教育支出均值随着家庭收入的提升而增大，而不同收入水平家庭的教育支出占家庭收入的比例具有累退性质，即家庭收入水平越高，家庭的园内教育支出占收入的比例越低。方差分析显示，不同收入阶层家庭的园内教育支出水平是存在显著性差异的。月收入 3000 元以下家庭的园内教育支出均值为 723.23 元/月，高收入家庭（月收入 10000 元以上）的支出均值达到 1934.32 元/月，后者是前者的 2.7 倍。从标准差可以看出，随着收入阶层的提升，阶层内部家庭支出水平的差别有逐渐增大的趋势，即贫困家庭的园内教育支出均处于较低水平；而高收入家庭中的园内教育支出离散性较大。但是幼儿园教育支出占家庭月收入的比例却与收入阶层呈反向变化。贫困家庭（月收入 3000 元以下）的园内教育支出负担最重，约占家庭月收入的 27.09%；而高收入家庭的支出均值虽然最大，但是其占家庭月收入的比重却小于贫困家庭 15 个百分点。在收入既定的情况下，家庭支付给幼儿园的费用与家庭的其他开支是此长彼消的关系，贫困、低收入家庭对于子女上幼儿园的费用支出很可能是以挤占其他消费支出为代价的。

　　本书还调查了家长认为"可以接受的幼儿园收费"情况。统计结果显示，各收入阶层家庭可接受的幼儿园收费均显著低于实际支付的费用。其中，贫困家庭可接受的幼儿园收费仅为实际支出的 54%，其他收入阶层可接受的幼儿园收费是实际支出的 65% 左右。推算家庭可接受的幼儿园收费占家庭收入的比例显示，幼儿园收费占家庭收入的 8%—15% 是可以接受的。

表3—14　不同收入阶层家庭对当前幼儿园收费的承受能力　单位:%

	贫困家庭	低收入家庭	中等收入家庭	高收入家庭
完全能承担	23.88	46.77	60.49	75.24
勉强承担	66.41	49.56	36.32	20.07
承受不了,难以应付	9.05	2.99	1.52	0.48
再提高一点也能承受	0.66	0.67	1.67	4.21

　　面对当前的园内教育支出负担,月收入3000元以下的家庭中有9.05%认为"承受不了,难以应付",66.41%的家庭是在"勉强承担"。月收入3000—5000元的低收入家庭中有近50%的家庭"勉强承担"。月收入5000—10000元的中等收入家庭中有60.49%认为完全能承担,比例远远高于"勉强承担"的家庭。月收入10000元以上的高收入家庭中有75.24%认为完全能承担,另有4.21%的家庭觉得再提高一点也能够承受。结合表3—13推算可知,中等收入家庭的幼儿园教育费用支出占收入14.28%的比例更符合绝大多数家庭的经济承受能力,这个比例也位于上述提及的家庭可接受的园内教育支出负担的范围之内。

　　在比较全面地分析了我国家庭的园内教育支出负担之后,可以清晰地看到,在目前的幼儿园收费水平下,家庭的承受能力不容乐观。整体而言,贫困、低收入家庭的园内教育支出负担最重,他们可接受的幼儿园费用远远低于实际支出。调查显示,14.2%的贫困家庭和6.8%的低收入家庭指出,当家中有人照看孩子时,将会选择不送孩子上幼儿园以节省开支,这很有可能会影响幼儿今后的各项能力发展。

（二）不同类型幼儿园家庭的园内教育支出负担

从不同类型幼儿园中家庭的收入情况来看（图3—3），民办园中的高收入家庭居多，但同时贫困家庭（月收入3000元以下）的比例也较大，呈现出两极分化的现象；机关及事业单位办园中的中等、高收入家庭（月收入5000元以上）占比高于其他类型的幼儿园；而企业办园中贫困、低收入家庭（月收入5000元以下）所占的比例最大为70%；教育部门办园和街道办园中月收入5000元以下的家庭达到60%左右。

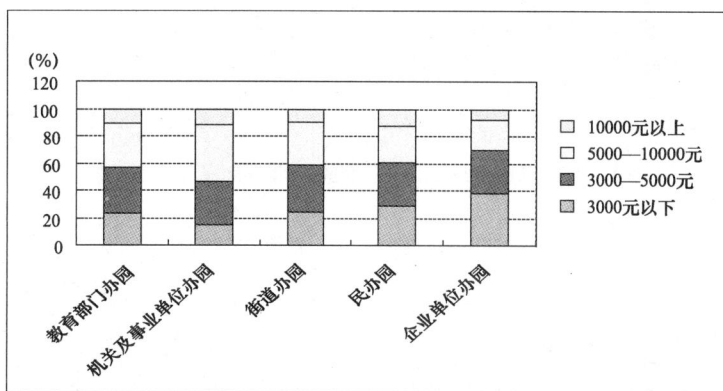

图3—3 不同类型幼儿园家庭的收入分布

如图3—4所示，街道办园、民办园和企业办园中家庭的园内教育支出占家庭收入的比例较高，分别为22.5%、21.8%和19%，这些家庭的园内教育支出负担较重。调查显示，贫困家庭更多地选择收费较低的民办园和企业办园，高收入家庭选择机关及事业单位办园和高收费的民办园的比例较高。选择民办园的样本家庭中，月收入3000元以下家庭的园内教育支出均值是694元/月，而月收入10000元以上家庭的园内教育支出均值是3157元/月。进一步分析民办园中贫困收入和高收入家庭的支出负担发现，月收入3000元以下家庭的园内教育支出占收入的比例约为29%，而月收入10000元以上家庭的支出占比仅为17%。结

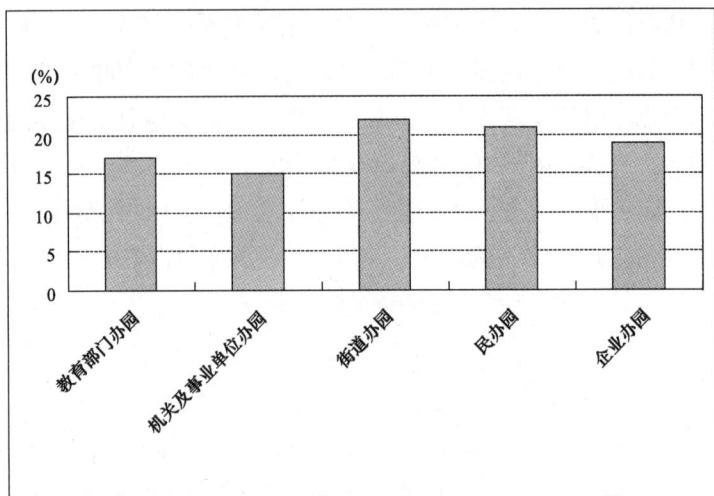

图3—4   不同类型幼儿园家庭的园内教育支出负担比较

果表明，贫困家庭的子女在无法进入公办幼儿园的情况下，只能选择收费较低的民办幼儿园，但是即使这样，幼儿园费用给这些家庭带来的经济负担仍然很重；而高收入家庭的子女在无法进入质量较好的公办幼儿园的情况下，宁可选择收费较高、质量也可能较高的民办幼儿园，但是民办园的高收费带给高收入家庭的支出负担仍然远远低于贫困家庭。两者的区别在于，部分高收入家庭选择民办园是一种自发的意愿选择；而贫困家庭选择民办园是出于家庭经济条件的限制和社会背景的无奈。

为了进一步了解影响家庭选择不同类型幼儿园的可能因素，我们将幼儿园类型作为分类变量进行多元逻辑回归分析。考虑到避免自变量的共线性，选取了六种可能的影响因素变量，分别是幼儿性别（虚拟变量）、幼儿户籍（虚拟变量）、母亲学历（有序变量）、父亲职业（虚拟变量）、家庭收入（有序变量）、家长对孩子的教育期望（有序变量）。

**表 3—15　　　家庭选择不同类型幼儿园的影响因素的
多元逻辑回归结果（发生比）**

变量	家庭选择的幼儿园类型			
	机关及事业单位办园	企业办园	街道办园	民办园
女生（参考类别为"男生"）	1.076	0.892	0.92	1.12
农村户口（参考类别为"城镇户口"）	0.661 **	0.794	1.126	1.405 *
母亲学历（参考类别为"本科及以上"）				
初中及以下	0.943	0.67	2.326 *	1.312
高中（中专、技校）	0.553 ***	1.086	2.376 ***	0.772
专科	0.628 ***	1.17	1.392	1.081
父亲职业（参考类别为"工人"）				
农业劳动者	0.912	0.89	1.383	1.014
办事人员	1.326	0.47 *	1.772	0.9
国家机关及企事业单位干部	1.916 ***	0.748	0.822	1.007
个体工商户	1.009	0.602 *	1.487	1.264
私企经理人员	1.421	0.817	2.182 *	1.32
企业主	0.515 *	0.13 **	1.066	0.68
商业服务业员工	0.877	0.563	1.798	0.598 *
军人	1.34	0.378	0.927	0.729
专业技术人员	1.087	0.774	1.543	0.823
教师	1.03	0.177 **	0.335	0.787
其他	0.83	0.311 ***	1.9	0.833
家庭月收入（参考类别为"月收入10000元以上"）				
月收入3000元以下	0.997	1.775 *	1.164	0.93
月收入3000—5000元	0.921	0.831	1.114	0.748

变量	家庭选择的幼儿园类型			
	机关及事业 单位办园	企业办园	街道办园	民办园
月收入5000—10000元	1.092	0.822	1.312	0.698 *
家长的教育期望（参考类别为 "研究生及出国留学"）				
高中或中专	1.517	1.149	2.236	0.791
大学	0.713 ***	0.72 *	1.208	0.977

注：因变量参照项为教育部门办园。Nagelkerke R-Square = 0. 127 ， - 2 Log Likelihood
=4465. 317（p < 0.001）。 * 表示 0. 05 显著度； ** 表示 0. 01 显著度； *** 表示 0. 001
显著度。

　　统计结果显示：幼儿的性别对于家庭选择何种类型的幼儿园没有显著影响。而幼儿的户籍情况对于家庭选择何种类型的幼儿园有一定的影响。相比选择教育部门办园的家庭，子女为城镇户口的家庭更倾向于选择机关及事业单位幼儿园，民办幼儿园中农村户口的孩子更多。母亲学历与家庭选择何种类型的幼儿园存在明显的相关。与教育部门办园相比，母亲学历是本科及以上学历的家庭选择机关及事业单位幼儿园的比例明显高于母亲学历是高中、专科的家庭；而母亲受教育程度是高中（中专、技校）学历的家庭选择街道办园的发生率是母亲本科及以上学历家庭的2. 376 倍。在父亲职业的影响方面，教育部门办园家庭父亲的职业分布相对比较分散，其中父亲职业为"国家机关及企事业单位干部"的家庭占15. 7%，职业为"工人"的家庭占14. 3%，职业为"个体工商户"的家庭占14. 1%，职业为"专业技术人员"的家庭比例为12. 4%。相比教育部门办园，机关及事业单位办园中父亲职业是"国家机关及企事业单位干部"的家庭比例为"工人"家庭的1. 916 倍，约占幼儿园家庭总数的30. 5%。而父亲职业是"工人"的家庭相比父亲职业为"其他""教师""企

业主""个体工商户""办事人员"的家庭更倾向于选择企业幼儿
园，企业办园中父亲职业是"工人"的家庭比例达到24.6%。街
道办园和民办园中父亲职业是"个体工商户""私企经理人员"的
比例高于其他类型幼儿园，其中民办园中父亲职业是"个体工商
户"的比例达到21.6%。家庭收入对幼儿园类型选择的影响主要
表现在，月收入为3000元以下的家庭选择企业办园的发生率是高
收入家庭（月收入10000元以上）的1.775倍。相比教育部门办园
家庭，月收入为5000—10000元的中等收入家庭选择民办园的发生
率比高收入家庭低30%左右。家长对孩子未来的受教育程度期望
是"研究生及出国留学"的家庭比期望值是"大学"受教育程度
的家庭更倾向于选择机关及事业单位幼儿园。

　　综上所述，机关及事业单位办园中父亲的职业以"机关及企
事业单位干部"居多，而企业办园中以"工人"家庭的子女居
多。有研究者将职业分为不同的阶层，"机关干部"和"企业负
责人"为上层，"企业主"和"专业技术人员"为中上层，"办
事人员"和"个体工商户"为中中层，"商业服务业员工"和
"产业工人"为中下层，"农民工"和"其他"为底层。[1] 结合
本书的统计结果，如果按照职业对家庭进行分层的话，机关及事
业单位办园中的幼儿家庭以中、上阶层为主，街道办园、民办园
中的家庭以中中层、中下阶层为主，企业办园中的家庭以中下阶
层为主。教育部门办园中幼儿父亲职业的分布较为分散，家庭收
入情况也以月收入5000元以下的低收入家庭为主，但是教育部
门办园中支付选择性教育支出的家庭比例和支出均值较高，可能
更多地以选择性教育支出作为筛选幼儿能否入园的标准。整体而
言，社会的上层群体往往处于教育选择的优势地位，能够选择优
质的公办幼儿园，而社会的下层群体在幼儿教育资源的竞争中处

---

　　① 秦阿琳：《社会分层对教育消费的影响研究——一个消费社会学的
分析视角》，硕士学位论文，湖南师范大学，2005年，第27页。

于劣势地位，呈现出"马太效应"。近年来公众抱怨"入园难、入园贵"的一个重要原因就是幼儿园教育资源在人与人之间的分配不能体现公平公正的原则。幼儿园教育属于非义务教育，这里所说的教育公平主要表现为获得受教育机会的均等，即保证受教育权利分配上的程序平等。公办幼儿园作为国家委托兴办的公共产品，其享有的财政经费来自全体纳税人的税费，理应为所有纳税人服务才能够体现公平公正的社会目标。同时，公办幼儿园承担着实现幼儿教育公益性的使命，它应该为减少因为家庭经济或阶层的差距造成的受教育机会的不平等而努力。但是就研究结果来看，样本幼儿园中的机关及事业单位幼儿园作为政府财政拨款的对象，并未很好地为广大公众服务。

三 家庭的"园内教育支出"影响因素分析

通过文献分析，我们将可能影响家庭的园内教育支出水平和支出负担的变量分为五类，分别是：（1）与幼儿相关的解释变量：性别（虚拟变量）、年龄（有序变量）、户籍（虚拟变量）；（2）与家长个人背景、教育期望相关的解释变量：年龄（有序变量）、受教育程度（有序变量）、对子女受教育程度的期望（有序变量）；（3）与家庭相关的变量：家庭收入（有序变量）、家庭人口规模（连续变量）、家庭子女数（连续变量）；（4）与幼儿园相关的解释变量：幼儿园类型（虚拟变量）；（5）地区方面：城市发展程度（有序变量），本书根据一、二线城市的划分，将样本城市的发展程度分为：较低（呼和浩特、贵阳、唐山）、中等（武汉、郑州、石家庄、南昌）、较高（天津、重庆）、高（北京）四类。[1]

---

① 刘焱、宋妍萍：《我国城市3—6岁儿童家庭学前教育消费支出水平调查》，《华中师范大学学报》（人文社会科学版）2013年第52卷第1期。

（一）家庭"园内教育支出水平"的影响因素分析

家庭支付的幼儿园费用包括幼儿园保教费、学习用品费和伙食费三项基本教育支出，还有部分家庭支付的"捐资助学费"和"幼儿园其他费用"。本书以家长填写的每月"幼儿园收费"和"选择性教育支出"分别为因变量进行回归分析。

表3—16　　家庭"园内教育总支出"的回归分析结果

解释变量	偏回归系数	标准化回归系数	显著性
常数项	−788.644		0.000
家庭收入	125.575	0.285	0.000
城市发展程度	259.166	0.369	0.000
民办园	481.874	0.314	0.000
母亲学历	30.245	0.044	0.006
父亲年龄	62.860	0.047	0.001
幼儿年龄	−33.157	−0.043	0.001
幼儿户籍	75.624	0.038	0.012
家长的教育期望	45.892	0.033	0.017

$R^2 = 0.379$，$F = 268.032$，方程显著性 $p = 0.000$

在家庭"园内教育总支出"的回归分析中，进入回归方程的影响因素有八个，分别是家庭收入、城市发展程度、民办园、母亲学历、父亲年龄、幼儿年龄、幼儿户籍和家长的教育期望，这些因素共同解释了"园内教育总支出"水平37.9%的变异量。此方程模型达到了0.000的显著性水平，说明回归方程是有意义的。从标准化回归系数来看，城市发展程度、幼儿园类型和家庭收入对于家庭支付幼儿园费用水平的影响作用较大，即城市发展程度越高、家庭收入越高，家庭支付的幼儿园费用就越多。从幼儿园类型来看，与教育部门办园家庭相比，民办幼儿园家庭的园内教育支出要多481.874元/月。从父母亲的个人背景和教育期望来看，随着父亲年龄增大、母亲学历提升，以及他们对子女受教育程度

的期望增高，家庭的园内教育支出有增多的趋势。在幼儿的户籍
方面，城镇户口子女家庭的园内教育支出高于农村户口的家庭。
而幼儿年龄对教育支出水平有负向影响，即小班年龄段幼儿家庭
的此项支出最高，大班幼儿家庭支付的幼儿园费用相对最少。

　　"选择性教育支出"指的是家庭所需交纳的幼儿园"捐资助
学费"和"其他费用"。本次调查中共有 3180 个家庭有此项支
出，约占总样本数的 41.2%。

表 3—17　　家庭"选择性教育支出"的回归分析结果

解释变量	偏回归系数	标准化回归系数	显著性
常数项	−422.956		0.000
城市发展程度	135.747	0.310	0.000
家庭收入	51.351	0.208	0.000
幼儿年龄	28.135	0.063	0.006
企业办园	−117.852	−0.069	0.002
街道办园	−90.510	−0.055	0.016
父亲年龄	42.978	0.056	0.016

$R^2 = 0.194$，$F = 64.515$，方程显著性 $p = 0.000$

　　回归分析结果显示，进入幼儿家庭"选择性教育支出"回
归方程的影响因素包含城市发展程度、家庭收入、幼儿年龄、企
业办园、街道办园和父亲年龄这六个因素，这些因素可以解释选
择性教育支出水平 19.4% 的变异量。需要说明的是，由于样本
数据收集的是横截面数据，各观测值之间存在较大的差异，因此
R^2 的值不是很大，但是回归方程仍然在 0.000 的水平上具有统计
学意义，说明该方程模型对于预测家庭的选择性教育支出水平是
有帮助的。从标准化回归系数来看，城市发展程度、家庭收入、
幼儿年龄和父亲年龄对于选择性教育支出水平有正向影响作用。
在幼儿园类型方面，相对于子女就读教育部门办园的家庭，子女

就读企业办园的家庭大约少支出选择性教育费用 117.852 元/月，子女就读街道办园的家庭大约少支出 90.51 元/月，显示出教育部门办园家庭的选择性教育支出水平较高。

（二）家庭"园内教育支出负担"的影响因素分析

本研究以"幼儿园收费占家庭收入的比例"作为家庭的"园内教育支出负担"进行回归分析，回归分析的结果如下表所示：

表 3—18　　家庭"园内教育支出负担"的回归分析结果

解释变量	偏回归系数	标准化回归系数	显著性
常数项	19.191		0.000
家庭收入	−3.438	−0.487	0.000
城市发展程度	3.021	0.274	0.000
民办园	6.392	0.263	0.000
母亲学历	−1.064	−0.098	0.000
母亲年龄	1.044	0.049	0.003
幼儿年龄	−0.486	−0.041	0.015
家长的教育期望	0.850	0.038	0.024
街道办园	1.685	0.034	0.041

$R^2 = 0.313$，$F = 147.510$，方程显著性 $p = 0.000$

进入幼儿家庭"园内教育支出负担"回归方程的影响因素包括家庭收入、城市发展程度、民办园、母亲学历、母亲年龄、幼儿年龄、家长的教育期望和街道办园，这些因素可以解释家庭支出负担 31.3% 的变异量。家庭收入、母亲学历和幼儿年龄这三个因素对家庭"园内教育支出负担"的影响为负，这说明，随着家庭收入的增加、母亲学历和幼儿所在年龄班的提升，家庭的教育支出负担反而越小。城市发展程度越高、母亲年龄越大，家庭的教育负担有增大的趋势。在幼儿园类型方面，民办园和街道办园中家庭的园内教育支出负担更重。

四 调查结论

(一)"入园贵"主要贵在民办园的保教费和公办园的捐资助学费

本次调查显示，2010—2011 年幼儿园存在收费名目较多的现象，不仅有"捐资助学费"，还有园内兴趣班等"其他费用"。约有41.2%的家庭支付有选择性教育费用，支出均值超过基本教育支出的1/3。民办园的保教费和教育部门办园、机关及事业单位办园的捐资助学费是部分家庭的园内教育支出较高的原因所在。

民办幼儿园是利用非国家财政性经费举办的，由举办者自筹资金、自负盈亏，盈利是其不争的事实。子女就读民办园的家庭承担了幼儿园所有的教育费用和举办者盈利，因此家庭的保教费用支出必然高于其他类型幼儿园。而公办幼儿园长期以来一直享有政府的财政投入，在办学规模和教学质量上都具有其他类型幼儿园无法比拟的优势，享有寻租的资本。这些幼儿园收取选择性教育费用的原因总结起来主要有两点，一是属于租金转嫁的乱收费行为，二是出于弥补租金的目的。所谓租金转嫁，指的是依附于权力或者垄断势力，收取超出其成本的费用。由委托代理理论可知，作为委托人的社会公众通常处于信息劣势，而身为代理人的教育管理部门和幼儿园在与受教育者的博弈中则居于主导地位，经济人的自利性推动着其有能力并且有意愿为自身牟利。租金弥补则是由于缺乏经费投入来开展正常的幼儿教育活动，因此本应该正当投入的资金却需要幼儿园通过乱收费的方式来筹集，所筹资金是用以维持幼儿园正常运营的。然而，无论是由于租金转嫁还是租金弥补的原因，家庭为了让孩子接受良好的幼儿园教育，只能无奈地接受选择性教育费用。但是从幼儿教育经费来源中的"其他收入"比例逐年下降的趋势来看，"捐资助学费"并没有规范性地纳入幼儿园的预算外资金管理。幼儿园收取的"捐资助学费"更多的是一种与入园挂钩的强制性收费。

　　针对幼儿园收费中存在的这些突出问题，国家发展改革委、教育部、财政部已于 2011 年 12 月 31 日联合印发了《幼儿园收费管理暂行办法》，明确规定了幼儿园可收费用的范围与禁收费用范围，旨在依法规范幼儿园的收费行为、根治幼儿园收费的无序状态，切实减轻家庭的经济负担。《办法》第十二条规定："幼儿园除收取保教费、住宿费及省级人民政府批准的服务性收费、代收费外，不得再向幼儿家长收取其他费用。幼儿园不得在保教费外以开办实验班、特色班、兴趣班、课后培训班和亲子班等特色教育为名向幼儿家长另行收取费用，不得以任何名义向幼儿家长收取与入园挂钩的赞助费、捐资助学费、建校费、教育成本补偿费等费用。"此《办法》的出台，可减轻家庭的选择性教育支出负担，杜绝家长"被自愿"的教育支出。民办幼儿园保教费收费标准的制定，仍然是由幼儿园按照《民办教育促进法》及其实施条例的规定，根据保育教育成本合理确定，报当地价格主管部门、教育行政部门备案后执行，这就需要各地政府加强民办幼儿园收费的价格备案制度，并对其定价过程进行指导。总体而言，《幼儿园收费管理暂行办法》只是对收费项目、核定成本的基本原则和收费管理程序等提出了明确要求，由于我国各地经济发展程度不同，幼儿园收费标准的合理确定还需要各省级教育行政部门充分考虑当地的经济发展水平、办园成本和群众承受能力等实际情况。如何使政府的财政投入公平分担民办幼儿园家庭的园内教育支出负担，并保证公办幼儿园正常的经费运转，是各地政府需要进一步考虑的问题。

　　（二）公办性质幼儿园（街道办园、企业办园）和民办园内贫困、低收入家庭的园内教育支出负担更重

　　据调查显示，公办性质幼儿园主要包括除教育部门以外的政府机关办园、部队办园、企业办园、事业单位办园和街道办园五大类。这些幼儿园在市场经济体制转轨的社会背景下被"关""停""并""转"，余留下来的幼儿园有的彻底脱离了原有单位、

变更了举办主体和产权性质，有的维持原有的附属关系但也呈现出不同的发展状态。但是，这类公办性质幼儿园与其他类型幼儿园不同的是，它们在办园之初是具有鲜明的"单位福利"烙印的，是我国历史国情下的产物。部分公办性质幼儿园由于举办单位的财政情况较好并对幼儿园较为重视，受到的经费冲击较小。虽然幼儿园逐渐从全额拨款变为差额拨款、人员编制数量受到严格控制，但是目前仍然能够从举办单位那里获得较为稳定的经费收入。同时，这些幼儿园在招生对象上仍然保留了以单位职工子女为主的原有传统，并会给予相应的入园优惠。这类幼儿园的举办单位主要是政府机关、部队和事业单位。而部分企业办园和街道办园能够从举办单位获得的经费投入越来越少，有些幼儿园甚至已经完全变为自负盈亏的单位。而这些幼儿园招收的对象却恰恰以平民家庭为主。调查显示，街道办园、民办园和企业办园中的贫困、低收入家庭所占比例较大，这三类幼儿园中家庭的园内教育支出占家庭收入的比例较高，分别为 22.5%、21.8%、19%。这些幼儿园中的贫困、低收入家庭既没有享受到政府的财政补贴，同时还要分担比其他公办幼儿园家庭更多的教育费用，因此他们的负担最重。

虽然贫困、低收入家庭支付给幼儿园的费用绝对值并不高，但是已经占据其家庭收入的很大比例。其中，贫困家庭（月收入3000 元以下）的园内教育支出负担最重，约占家庭收入的27.09%，9.05% 的家庭认为已经"承受不了、难以应付"，66.41% 的家庭认为是在"勉强承担"。低收入家庭（月收入3000—5000 元）的园内教育支出占家庭收入的 18.44%，有近50% 的家庭是在"勉强承担"。

（三）家庭资本影响幼儿的入园机会及教育支出水平

法国哲学家和社会学家布尔迪厄（Pierre Bourdieu）认为："资本是积累的（以物质化的形式或'具体化的'、'肉身化的'形式）劳动，当这种劳动在私人性，即排他的基础上被行动者或行动者小团体占有时，这种劳动就使得他们能够以具体的或活的劳动的形式占有社会资源。"① 一个家庭中的资本也包括三种：经济资本、社会资本和文化资本。所谓经济资本，是由构成生产的各种因素（例如土地、工厂、劳动、经济财产、各种收入）及各种经济利益所组成。社会资本相对于经济资本，更多地关注于个体本身所具备的品质和能力，强调人际网络以及个体可以调动社会关系与社会资源的能力。家庭文化资本主要是指父母亲的受教育程度，它能够部分反映家长的知识水平和能力水平。本书中的家庭经济资本主要是指家庭收入，社会资本包括父母亲的职业和子女的户籍情况，文化资本主要指父母亲的学历。

回归分析结果显示，家庭收入、父母亲的职业、父母亲的学历、子女的户籍均对幼儿园类型的选择有影响。月收入 3000 元以下的家庭子女更多地就读于企业办园。机关及事业单位办园中父亲职业是"国家机关及企事业单位干部"的比例达到 30.5%，街道办园和民办园中父亲职业为"个体工商户"的比例达到 21.6%。母亲学历是本科及以上的家庭更倾向于让子女就读于机关及事业单位办园，母亲学历是高中（中专、技校）的家庭选择街道办园的比例更高。民办园中农村户口的孩子更多。同时，家庭收入、母亲学历、父亲年龄、幼儿户籍情况是影响家庭支付幼儿园费用水平的重要因素；家庭收入、母亲学历、母亲年龄也显著地影响着家庭的园内教育支出负担。城市公办幼儿园大多是建立在单位福利制度基础上的，从一开始就具有封闭性，只为本部门、本单位的员工子女服务。而单位的福利性质与政府财政的公共性之间是存在矛盾的，这也是多年来公办幼儿园因只为公务员和事业单位子女服务而受到公众批评的原因。这是在用纳税人的钱养育少数公务员阶层的孩子，造成了明显的教育不公平和社

---

① 冯婧琨：《对布迪厄社会学理论中"资本"概念的解读》，《内蒙古农业大学学报》（社会科学版）2009 年第 6 期。

会等级差异。从一定意义上来讲，弱势幼儿家庭的形成是与相关政策的价值选择相联系的。财政性教育经费投入公办幼儿园的政策导致了拥有弱势资本的家庭子女在幼儿教育资源配置中更加处于弱势的结果。政府和家庭是教育费用分担的两大主体，二者所分担的教育费用在理论上是一种此消彼长的关系，如果政府的财政性教育经费投入不足，家庭必然需要担负更多的教育费用。我国政府对幼儿教育的财政经费投入长期过低，致使大部分家长不得不承担幼儿教育的全部费用。

第四章

政府分担幼儿教育费用政策的改善

通过上述实证分析，政府财政投入的倾斜性特点十分明显，财政经费在不同类型幼儿园之间的分配不公平，公办性质幼儿园和民办幼儿园获得的财政经费较少甚至没有。而街道办园、企业办园和部分民办园主要服务于贫困、低收入家庭，致使这些幼儿园中家庭的教育支出负担更重。在不公平的财政投入体制下，政府越是增加财政投入，就越会增强财政经费分配的不公平趋势。面对当前幼儿教育资源短缺、教育经费投入机制不够灵活的现状，如何在经费一定的情况下，对幼儿教育财政经费进行合理分配成为重点。政策是理论联系实际的桥梁，理论必须转化为具有可操作性的具体政策才能够指导实践。教育政策依据层次不同可以划分为教育基本政策和教育具体政策。教育基本政策是以党和国家总的路线方针为指导而制定的有关教育发展的总要求和基本原则，是指导教育工作的全局性政策。教育基本政策的适用范围较广、权威性高，是统管全局的战略性政策，也是制定教育具体政策的依据。[①] 具体到幼儿教育方面，例如 2010 年发布的《国务院关于当前发展学前教育的若干意见》和 2011 年的《关于加大财政投入支持学前教育发展的通知》就是发展幼儿教育的基本

---

① 成有信、张斌贤、劳凯声等：《教育政治学》，江苏教育出版社 2000 年版，第 247—248 页。

政策。教育具体政策通常是为了解决某一范围内的教育问题而制定的政策，是教育基本政策的具体化，富于操作性，是为有效落实教育基本政策而制定的具体实施措施。例如各地制定的"学前教育三年行动计划（2011—2013 年）"。

第一节　政府财政投入幼儿教育的原则

公共政策是多种利益群体相互博弈、相互妥协的结果，显示出利益的倾向性和价值取向。公共政策利用公共资源为公众提供服务，它的首要责任是保证每个社会成员平等地享受社会资源。教育政策对教育实践具有导向、协调、控制和规范的作用，这种作用是通过政策所表明的价值导向和制定的行为准则而实现的。教育政策的本质是要解决教育利益的分配与增进问题，教育利益的分配应追求公平，教育利益的增进应讲求效率。[1] 因此，教育公平和教育效率是教育政策的双重价值追求。幼儿教育财政政策作为重要的社会公共政策之一，既是政府在幼儿教育领域的施政理念和施政目标，也是其发挥政府职责的主要方式。如何科学地使用财政性幼儿教育经费，提高经费使用的有效性和公平性是政策制定者需要直面的挑战。财政性幼儿教育经费投入的有限性和公众教育需求的无限性之间的矛盾一直存在。幼儿教育财政经费投入如何兼顾公平与效率，是政策制定的原则，同时也是政策想要达到的最终目标。

一　保障幼儿教育经费投入的公平

在经济学的范畴内，公平的本质在于它是调节社会成员之间财富分配关系的一种行为规范，关注的是资源的合理分配。在教

---

[1] 高庆蓬：《教育政策评估研究》，博士学位论文，东北师范大学，2008 年，第 20 页。

育经济学领域，社会成员对教育的占有实质上也是社会成员之间对教育产品或教育服务的分配。① 政府对教育利益的分配首先会选择那些与政府的价值取向一致的社会群体作为利益分配的对象。教育政策通过对不同群体的利益进行调控来改变社会的利益结构，支持、保护那些合理的教育利益要求，抑制、转化那些不合理的利益要求，进而促进教育利益结构的合理化。教育政策的利益分配功能，既可以使部分人获得教育利益，也可以使部分人失去教育利益，因此分配时应遵循公平原则。② 《国家中长期教育改革和发展规划纲要（2010—2020 年）》提出，要"把促进公平作为国家基本教育政策。教育公平的关键是机会公平，基本要求是保障公民依法享有受教育的权利。教育公平的主要责任在政府，全社会要共同促进教育公平"。对教育公平的趋近意味着给公众提供越来越公平的教育利益，教育政策的目标应该是解决成本和效益是否在不同的目标群体、不同对象之间公平分配的问题。教育财政公平作为教育公平的重要内容，是实现教育公平的必要条件。公共财政具有公共性和公益性的特点。公共性是指公共财政要公平、公正地解决社会公共问题，维护纳税人和广大人民群众的公共利益。公共财政存在的基本前提是社会公共利益，公共财政是为满足社会公共需要的收支活动，是实现公共利益和社会公共需要的一种手段，要充分体现取之于民、用之于民的基本原则。③ 通过对幼儿教育基本属性的分析得出，幼儿教育是以公益性为根本属性的准公共产品，并且更靠近公共产品。幼儿教育是我国基础教育的有机组成部分，是学制的第一个阶段，承载

---

① 朱沙：《政府保障高等教育公平的财政政策研究》，博士学位论文，西南财经大学，2009 年，第 39 页。

② 高庆蓬：《教育政策评估研究》，博士学位论文，东北师范大学，2008 年，第 85 页。

③ 张翼：《公共财政制度下高等教育经费的筹措与成本分担机制研究》，《教育与经济》2009 年第 2 期。

着整个教育公平的起点。财政性教育经费来自民众缴纳的税款，财政性教育经费的分配属于社会公共财富的再分配，因此应该遵从公平与合理的原则。教育财政公平主要包含三个原则，即财政中立、横向公平和纵向公平。财政中立作为核心原则，是指幼儿获得的教育经费与其所在地区或家庭背景无关。横向公平是应同等对待相同的幼儿。纵向公平是要不同对待需求不同的幼儿，对弱势群体进行财政补偿。

幼儿教育财政公平问题之所以日益成为人们关注的焦点和民生问题，是因为社会现实中确实存在着严重的教育差距和教育经费分担不公平现象，违背了公众的根本利益和幼儿教育发展的核心价值。教育公平应当是人们能够公正平等地接受社会所提供的公正平等的教育，而且前者是以后者为条件的。也就是说，如果在教育的社会供给上是不公平的，那么受教育者就不可能公正、平等地享受教育服务。[1] 幼儿教育消费因此而具有了竞争性和排他性，幼儿的家庭背景不得不参与到幼儿教育资源的竞争中去。有关我国3—6岁儿童家庭的幼儿园教育支出水平的调查显示，家庭收入、家长职业等家庭资本显著影响着幼儿进入不同类型幼儿园的起点公平。而起点公平是教育公平的基本前提。由于财政性教育经费投入"单位制"的特点，幼儿能否享受到机关及事业单位幼儿园的实际财政福利，取决于是否为单位子弟。调查显示，机关及事业单位幼儿园中父亲职业以"机关及企事业单位干部"居多显示了我国单位办园为体制内职工子女服务的特权，而这类幼儿园分享的依然是地方人民所缴纳的税款。这类幼儿园中支付选择性教育费用的家庭比例较高，虽然从某种程度上满足了某些家庭突破社会阶层限制寻求优质幼儿教育资源的需求，但是他们为此付出了高昂的经济代价。同样的受教育机会却需要用不

---

① 丁杰：《透视"入园难"：教育公平的视角》，《中国教育学刊》2013年第2期。

同的代价来交换，这对于幼儿来说显然是不公平的。有限的公共财政经费加剧了人为的不平等，公办幼儿园成为了少数人的福利。教育部门办园中政府的财政投入比例相对最高，家长的职业分布较为均衡。但是由于教育部门办园数量有限，有些教育部门办园以缴纳选择性教育费用作为幼儿入园的筛选方式，致使那些处于社会底层、没钱没权、对幼儿园教育价格十分敏感的家庭，只能根据自己的经济实力被迫为子女选择收费低、质量较差的民办园或让孩子留在家里。选择进入民办幼儿园的家长，在承担纳税义务的同时，还需要交纳高额的学费，这也是不公平的。

　　而这些不公平产生的根本原因是财政性幼儿教育经费在不同类型幼儿园之间的分配政策不够合理。当前，教育部门办园获得了绝大部分的财政经费，而民办幼儿园几乎没有任何财政经费的支持。即使在教育部门办园之间，各园获得的生均财政经费也差别较大，"示范园""优质园"获得了更多的财政拨款。这种因财政经费分配严重不均而造成的优质园与薄弱园的格局一旦形成，将不断被放大，进而形成"马太效应"，致使好的公办园越办越好，逐步向高标准、豪华型发展，而薄弱幼儿园则越办越差，两极分化越来越严重，家长追求高质量幼儿教育的"入园难"现象会愈演愈烈。而民办园出于利益考虑节省开支、聘用不合格师资的事件也将持续发生。倾斜性的财政投入方式只会使幼儿教育的公益性更加弱化。从保障公平的角度出发，由政府投资开办的公立幼儿园应该提供最基本、最普通的教育产品，收费低廉，其目的是让大多数幼儿都能接受最基本的幼儿园教育。究竟财政性幼儿教育经费应该投向哪些幼儿园、主要分担幼儿教育的哪方面经费，是当前亟待明确的政策问题。

　　市场经济是不会自动产生社会公正的，公平一直以来都是政府的责任。政府作为幼儿教育发展的第一责任人，其财政投入政策对幼儿教育发展起着导向性作用。政府政策的不同取向或偏差，往往会加剧现实中的教育不公平；同时，通过制度安排和政策调整来增进社会公平，也是更为容易实现的。教育财政学中的公平更多的是指获得教育机会的均等。对于政府而言，就是要通过实施相应的幼儿教育财政政策，使那些来自贫困和低收入家庭的幼儿不会因为贫困或其他外界原因而失去受教育机会。在幼儿教育资源尚不充足的情况下，借助政府的干预通过第二次分配能够尽可能地弥补形式上平等的局限。基于现实的不公平问题，我国的幼儿教育财政政策应采取循序渐进的策略，逐步减少不公平。公平作为教育政策的价值取向，可以理解为对教育利益分配的合理性，是指对教育机会进行分配时要合情合理。所谓合"情"，是指符合民众的意愿；所谓合"理"，是指符合教育目的及社会发展的规律。①

　　在 2010 年《国务院关于当前发展学前教育的若干意见》、2011 年《关于加大财政投入支持学前教育发展的通知》出台之前，我国有关幼儿教育财政投入的相关规定只是散见于一些其他的政策文件中，没有涉及经费来源的规定，没有单项列支，也没有将其作为各级政府发展教育的考核指标。《国务院关于当前发展学前教育的若干意见》（简称"国十条"）中提出："发展学前教育，必须坚持公益性和普惠性"，首先为政策奠定了公平取向的价值基础。教育的普惠性，即提供的教育服务不是面向某个群体或个人，而是面向大众，面向社会各个群体，每个人都平等地享受获得教育服务的权利，体现的是基本公共服务的均等化。学前教育实现"普惠性"目标意味着不断扩大学前教育服务的覆盖面和辐射力，尽可能让所有适龄儿童都拥有享受低价、优质的学前教育服务的机会，使学前教育服务体系真正平等惠及所有儿童，即让所有儿童在自愿的基础上都能有机会接受由公共财政支持的学前教育。并且，"国十条"提出："各级政府要将学前教

---

　　① 李慧：《教育公平与教育效率关系再探》，《教育与经济》2000 年第 3 期。

育经费列入财政预算。新增教育经费要向学前教育倾斜。财政性学前教育经费在同级财政性教育经费中要占合理比例，未来三年要有明显提高。"政府还遵从补偿性原则，由中央财政设立专项经费重点支持中西部农村地区、少数民族地区和边疆地区发展学前教育和学前双语教育，通过实行财政专项转移支付的政策缓解幼儿教育发展的区域不均衡问题。针对公办园与民办园之间、公办园与公办园之间获得财政经费的不公平待遇问题，"国十条"提出"制定优惠政策，支持街道、农村集体举办幼儿园"，"民办幼儿园在审批登记、分类定级、评估指导、教师培训、职称评定、资格认定、表彰奖励等方面与公办幼儿园具有同等地位"。对于公办幼儿园中的合格非在编教师，要"核定公办幼儿园教职工编制，逐步配齐幼儿园教职工"；"切实维护幼儿教师权益，完善落实幼儿园教职工工资保障办法、专业技术职称（职务）评聘机制和社会保障政策"。①

《关于加大财政投入支持学前教育发展的通知》更是具体提出了财政支持学前教育发展的四项基本原则、中央财政重点支持的4大类7个重点工作内容，以及中央专项资金的管理办法。《通知》中的相关政策措施体现了公共财政促进区域间幼儿教育均衡发展、帮扶民办园发展、资助学前儿童困难家庭的公平价值取向。在中西部农村闲置校舍改建幼儿园方面，"中央财政按照拟改建的闲置校舍面积、新增入园幼儿数和每平方米500元的测算标准，分地区按一定比例予以补助"。中央政府根据我国东、中、西部经济发展情况，补助西部地区校舍改建经费的80%，补助中部地区60%，分省确定补助东部困难地区的比例；对于巡回支教的志愿者，中央财政补贴西部地区每人每年1.5万元，中部地区每人每年1万元，东部困难地区每人每年0.5万元；并

---

① 《国务院关于当前发展学前教育的若干意见》，http：//www. gov. cn/zwgk/2010 – 11/24/content_ 1752377. htm。

将中西部地区农村幼儿教师培训纳入"中小学教师国家级培训计划"。针对民办园缺少财政支持的情况，中央财政开始安排"扶持民办幼儿园发展奖补资金"。为了妥善解决进城务工人员随迁子女入园，政策从幼儿教育供给效率的角度出发，要求各地研究制定扶持政策，帮扶各地行政区域内各级各类城市集体、企业、事业单位等举办的面向社会提供普惠性、低收费的幼儿园。对于学前儿童家庭中的弱势群体，《通知》要求各地方从 2011 年秋季学期起先行建立学前教育资助制度，中央财政视地方工作情况给予奖补。这些政策在加大财政投入学前教育力度的同时，充分显示了追求公平的价值取向。

二　提高幼儿教育经费配置的效率

效率是经济学研究的重要内容，主要涉及投入与产出的关系，即以最小的成本换取最大的产出，其核心是资源的有效配置和使用。在教育领域，效率之所以重要，是因为存在着教育资源的稀缺与人的需求无限之间的矛盾。教育效率是指教育资源总量一定的情况下，怎样配置和使用教育资源，实现教育收益最大化。效率作为教育财政投入政策的内在属性和目标，主要是指财政经费配置的有效性。幼儿教育财政经费的配置效率，即要最大限度地发挥财政经费的作用，实现其经济效益和社会效益的最大化。有研究者通过 DEA 模型分析江苏省 51 个县的学前教育财政投入效率，结果表明，学前教育财政投入的效率比较低下。[①] 因此，我国在加大财政性幼儿教育经费投入的同时，还需要积极探索提高财政资金使用效率的路径，使财政经费能够获得充分合理的利用。

政府提供公益性幼儿教育的形式有两种：一是由政府提供并

---

① 王水娟、柏檀：《学前教育财政投入的效率问题与政府责任》，《教育与经济》2012 年第 3 期。

直接生产；另一种由政府提供，而让社会和市场力量进行生产。由政府自己承担的生产方式称为直接生产方式，在这种生产方式中，政府既是提供者，也是生产者。随着人们对公共生产效率损失认识的深入，发现政府未必是成本最低的教育服务提供者。政府所提供的教育是用纳税人的税赋来生产的，从理论上来说，政府在向所有人征税之后，应当有效地满足所有纳税人的教育需要。但是事实上，教育的国家垄断并不能保证每个纳税人在纳税之后能够得到与其支付的税赋相称的教育产品，从而导致教育供给中出现政府失灵的问题。这说明，国家垄断教育并不能有效地解决教育的社会供给问题。政府这种双重身份运行的结果很容易导致政府规模的日益膨胀以及公共服务的高成本和低效率。

在公共经济学中，准公共产品被认为应该由政府和市场共同提供才能达到效率最高。如果完全依赖市场提供，会导致供给不足等效率损失；如果完全由政府提供，幼儿教育资源配置则不能达到最优化。虽然政府是促进幼儿教育公平的主体，但是普及幼儿教育目标的达成仅靠政府的力量是不够的。教育政策应改变把教育公益性与通过教育活动追求私益尖锐对立起来的倾向，在追求公益和追求私益之间寻找一个结合点，提供合理的制度安排把市场领域中追求私益的教育行为导向实现公共利益的方向。这是把民间资本引入教育领域的一个基本条件。[1] 在公平、效率的教育政策目标中，教育政策应把公平作为基础性的价值目标，承认政府、市场、公民社会之间教育权力博弈的合法性，在政府、市场、社会、幼儿园之间建立起以参与、协商、监管为特征的权力关系，形成由政府、市场共同提供幼儿教育服务的格局。由政府和社会力量共同提供幼儿教育产品、采用私人生产以及公私合作等方式实现社会的公共利益，是世界上大多数国家的通行做法，

---

① 朱金花：《教育公平：政策的视角》，博士学位论文，吉林大学，2005 年，第 61 页。

也是当前中国发展幼儿教育的趋势。《国务院关于当前发展学前教育的若干意见》指出，学前教育的发展"必须坚持政府主导，社会参与，公办民办并举"，依靠社会力量发展幼儿教育是重要的政策主张。从效率的角度来讲，财政性教育经费投入不应因幼儿园的生产方式，即是采用公立幼儿园还是私立幼儿园而出现明显差别。政府必须打破公办园和民办园之间、公办教师和非公办教师之间、父母在不同单位的幼儿之间的各种壁垒，以实现幼儿教育内部人、财、物的自由流通，并建立得到各方认可的相对公平合理的竞争规则。

从兼顾经济效率和社会公平的角度看，在较低的价格水平下，实现高质量的教育均衡是最优结果。这种模式主要依赖于强大的政府财政力量作支持，因此主要存在于人口少、经济发展水平高的福利国家。就我国目前的国情而言，在很长一段时间内，用价格配置资源将仍然是实现效率的最优路径。但是，价格手段也存在公平性与正义性方面的质疑。为解决这一矛盾，政府有责任为低收入群体提供基本的教育资源保障，以避免低收入家庭的子女因为经济原因而无学可上。同时，政府提供的教育资源应该是无差别的，不能因为各地区经济发展水平不同，或者因为受教育者家庭的收入、地位不同，而有所差异。政府的主要职责在于提供足够的、保障基本教育水平的、无差异的幼儿园教育资源。

第二节　各地财政投入幼儿教育的方式

1985 年国家发布《中共中央关于教育体制改革的决定》明确指出："实行基础教育由地方负责、分级管理的原则"；"基础教育管理权属于地方。除大政方针和宏观规划由中央决定外，具体政策、制度、计划的制定和实施，以及对学校的领导、管理和检查，责任和权力都交给地方。省、市（地）、县、乡分级管理的职责如何划分，由省、自治区、直辖市决定"。我国幼儿教育实行地方负责、分级管理的管理体制。2010年11月《国务院关于当前发展学前教育的若干意见》再次提出，"地方政府是发展学前教育的责任主体"，"各省（区、市）政府要深入调查，准确掌握当地学前教育的基本状况和存在的突出问题，结合本区域经济社会发展状况和适龄人口分布、变化趋势，科学测算入园需求和供需缺口，确定发展目标，分解年度任务，落实经费，以县为单位编制学前教育三年行动计划"。2010年12月1日，国务院召开了全国学前教育工作电视电话会议，国务委员刘延东出席会议并做了重要讲话，对实施"学前教育三年行动计划"做了全面动员和具体部署。2011年9月，国家教育体制改革领导小组在陕西西安召开了全国学前教育三年行动计划现场推进会，教育部、发改委、财政部相关负责人在会议上发言，要求各有关部门全力落实好所负责的工作，各地学前教育三年行动计划的编制工作全部结束并进入全面实施阶段。"学前教育三年行动计划"是2011—2013年中央及地方各级政府发展学前教育的战略规划，其总体目标是为广大学龄前儿童提供学前教育公共服务，基本解决"入园难、入园贵"的突出问题，并推进以学前教育体制为核心的综合改革。[1]

21世纪教育研究院编写的《教育蓝皮书：中国教育发展报告（2011）》显示，就全国35个城市来看，北京、深圳、天津、西安、南京、青岛、银川、成都、郑州9个城市超过三成公众认为入园难"非常突出"。其中，北京超过五成的公众认为入园难、入园贵"非常突出"，居35个城市之首。[2] 因此，本书基于

---

① 田景正、周芳芳：《我国地方学前教育的现有基础与发展定位——基于对12个省市学前教育三年行动计划文本的分析》，《学前教育研究》2012年第8期。

② 杜丁：《北京入园难、入园贵居35个城市中"榜首"》，http://news. xinhuanet. com/edu/2011－03/02/c_ 121137680_ 3. htm。

家庭教育消费支出水平调查的样本城市和"入园难、入园贵"突出的城市，共选取北京、深圳、天津、西安、郑州、石家庄、武汉、贵阳等8个城市，分析各地出台的"学前教育三年行动计划（2011—2013年）"及实施情况，总结各地政府财政经费投入幼儿教育的经验措施及效果。教育政策研究不仅需要提出"应该做什么"，更要回答"可以怎样做"，研究出什么方式是最可行的。对于幼儿教育，政府必须担负起应尽的责任，采取多种措施保障公共财政的充足投入、幼儿教育资源的均衡配置，确保每一位适龄儿童都能享有受教育的权利。要想弄清哪些财政投入方式更有利于实现财政性幼儿教育经费投入的公平与效率，首先需要对各地方政府的经费投入方式进行总结。整体而言，各地政府的财政性幼儿教育经费投入方式依据资助主体的不同，分为面向教育提供方（幼儿园）的财政资助和面向需求方（幼儿及家庭）的财政资助。

一　面向提供方的财政投入

（一）新建公办幼儿园

幼儿教育作为具有社会公益性的事业，政府理应承担起发展幼儿教育的主体责任。从国际经验来看，很多国家和地区政府为3—6岁儿童提供幼儿教育服务的主要方式是建立和运营公立幼儿园。《国家中长期教育改革和发展规划纲要（2010—2020年）》也明确指出要"大力发展公办幼儿园，积极扶持民办幼儿园"。在我国个人收入存在一定甚至较大差异的情况下，要想实现幼儿教育的机会均等，比较适宜的做法是由政府创办幼儿园并持续拨付运营经费，以消除由于家庭收入过低而对子女接受幼儿园教育所形成的制约，使那些低收入家庭的子女也能够平等地接受比较良好的幼儿教育。从地方政府制定的"学前教育三年行动计划（2011—2013年）"来看，各地政府的财政性幼儿教育经费多是以新建、改扩建公办幼儿园为主。通过增加公办幼儿园的数量来调控、引导和平抑价格，保持幼儿教育的公益性。

表4—1　各地公办幼儿园及在园幼儿数量的发展变化[1]　单位:%

地区	城市	2010 年		2013 年	
		公办园比例	公办园幼儿比例	公办园比例	公办园幼儿比例
东部	北京	64.2	—	65	—
	天津	72.7[2]	—	74.6	—
	石家庄	69	67	—	77
中部	武汉	28.3	42.1	48.1	55
	郑州	23.8	30	50	60
西部	西安	20.32	34.21	27.4	—
	贵阳	37.5	49.7	50.1	60

注：①表中的数据依据各地"学前教育三年行动计划"及相关新闻报道整理得出。

②天津市"学前教育三年行动计划"是从 2010—2012 年，实施行动计划前公办幼儿园的情况采用 2009 年的数据。

从表4—1中统计的数据可以看出，各地在三年内所规划的公办园所占比例和公办园在园幼儿比例均有提高。北京市计划在 2011—2013 年由市、区县两级政府财政投入 20 亿元基本建设资金用于新建和改扩建 370 所公办幼儿园，使全市幼儿园总数达到 1530 所左右，全市的公办性质幼儿园占幼儿园总数的 65% 以上，力争用 5 年左右的时间使公办幼儿园比例提高到 80%。[1] 天津市于 2010—2012 年参照国家有关部委颁布的"城市幼儿园建筑面积定额标准"新建、改建、扩建 120 所公办幼儿园，新建和改扩建的公办幼儿园经费以区县财政投入为主，市财政对经济困难的

————————

① 赵纲：《北京 5 年内公办幼儿园有望达八成，预计新建 118 所》，http：//edu.people.com.cn/GB/12239234.html。

区县给予一定的经费支持。[①] 石家庄市规定 2011—2013 年投资
17. 9 亿元新建幼儿园 350 所，改扩建幼儿园 842 所。通过增加公
办幼儿园的比例，使 2013 年公办幼儿园的入园幼儿比例提高到
77% 以上，确立幼儿教育的公益性。[②] 武汉市预计到 2013 年新
（改、扩）建公办园 150 所，力争全市公办幼儿园在园幼儿数占
在园幼儿总数的 55% 以上，并将行动计划延长至 2015 年，力争
2015 年全市公办园幼儿数占在园幼儿总数的 60% 以上。郑州市
2013 年发展公办幼儿园的目标是，市区新建住宅区配套建设幼
儿园的公办比例不低于 50%，全市公办幼儿园的幼儿比例达到
60%。对于新建的符合规模要求的乡镇公办幼儿园，由市财政按
照每班 10 万元的标准给予补助和奖励。[③] 贵阳市规划至 2013 年
底，新建、改扩建 91 所公办幼儿园（新建 46 所，改扩建 45
所），至少新增 7920 个公办幼儿园教育学位，使公办幼儿园的幼
儿数达到在园适龄幼儿总数的 60%。[④]

（二）以专项经费的形式资助各类幼儿园

采用专项经费的方式分类资助幼儿园，是为了实现某项特定
目标而对幼儿园提供专款专用。专项经费政策实际上对经费的用
途进行了明确规定，有利于保证财政经费确实用于关系幼儿园教
育发展的关键之处。"国十条"所倡导的资助提供普惠性服务的
幼儿园，旨在避免因为收费低而降低质量要求。分析各地政府提
供的专项经费项目发现，经费主要用于改善幼儿园的基础设施建

① 《关于印发天津市学前教育三年行动计划（2010—2012 年）的通知》，
http: //www. tj. gov. cn/zwgk/wjgz/szfbgtwj/201011/t20101126_ 129767 . htm。

② 《石家庄市学前教育三年行动计划（2011—2013 年)》，http: //
wenku. baidu. com/view/0d0451abdd3383c4bb4cd269. html。

③ 《郑州市学前教育三年行动计划（2011—2013 年)》，http: //
www. 110. com/fagui/law_ 382995. html。

④ 《贵阳市学前教育三年行动计划（2011—2013 年)》，http: //
www. geta. gov. cn/art/2011/4/22/art_ 349_ 3712. html。

设和提升教师的工资待遇与师资培训。

有关改善幼儿园基础设施设备的专项经费往往是一次性发放的，主要面向公办性质幼儿园和民办园。例如，北京市规划三年内由市、区县两级政府财政投入 18 亿元专项经费用于公办幼儿园、小区配套幼儿园、小规模幼儿园和小学附属幼儿园的建设、装修及购买设施设备。北京市、区县两级政府还将投入 7 亿元资金改造 250 所中央及地方各部门办园、街道和乡镇集体办园的房屋、设施和设备使其条件达标。西安市要求市、县财政设立专项奖补资金，对符合规划定点、达到办园标准的新建、改扩建的民办园、企事业单位办园，以及经改造提升达到标准的现有民办园给予一次性奖补，奖补标准为：新建、改建规模达到 6—8 个班的，每园奖补 20 万元；新建、改建规模达到 9—11 个班的，每园奖补 25 万元；新建、改建规模达到 12 个班的，每园奖补 30 万元；扩建园每新增一个班奖补 2 万元。河南省设立的"扶持民办幼儿园发展奖补资金"主要用于支付园舍租金，补充玩教具、保教和生活设施设备、校舍维修改造、弥补公用经费不足。河南省开展的"公建民营"办园模式中政府的经费投入也主要用于支持幼儿园活动、生活、户外活动场地等土建设施建设，提供基本的办园条件。

要想保证不同类型的幼儿园达到基本的教育质量水平，师资是关键。一些民办幼儿园为了降低办园成本、获取更大的利润，不愿意以较高的薪酬聘用合格或高水平的幼儿教师，致使民办园的师资质量得不到保证。财政支持幼儿教育最重要也是最迫切的问题就是确保幼儿教师的工资待遇与师资培训，使他们能够安心工作并不断地提升自己的专业能力。为了帮助民办园提升师资水平，保证教师待遇，同时避免幼儿园借着提高教师工资的名目涨价，部分地方政府提出面向民办园教师发放津贴并改革教师编制的方案。深圳市对普惠性幼儿园一次性每班补贴 4 万元，奖励的补助经费主要用于提高教职工的待遇，提升保教质量，并规定普惠性试点幼儿园教职工的最低工资不得低于政府公布的最低工资标准的 1.5 倍。2012 年深圳市共投入普惠性试点幼儿园补助经费约 5000 万元。[①] 深圳市在稳定师资队伍方面的措施还包括面向长期从事幼儿教育工作的教师、保育员和保健人员发放从教津贴，每人每月 300 元，从第 4 年后每满一年增加 100 元，最高不超过每月 1000 元。预计全市近 2 万名幼儿园保教人员可以享受到约 1 亿元的津贴，教职工每月的平均收入将提高 25%—30%。[②] 这种资助教职工薪酬的做法直接降低了幼儿园的人员成本支出。郑州市提出制定民办幼儿教师合同制编制改革方案，逐步改善民办幼儿园教师待遇，对做出杰出贡献的民办幼儿教师提供事业编制。

在保障师资培训经费方面，北京市实施了幼儿教师培养工程，采取分层、分类与重点项目相结合的方式，对各类幼儿园的管理者和教师进行在职继续教育培训，计划 3 年内由市、区县两级政府安排 1 亿元左右的财政经费累计完成 3 万人次的幼儿园管理者及教师继续教育培训。西安市财政对全市各类幼儿园（包括公办园、民办园）教师参加的全员幼儿教师的培训提供经费补助。深圳市设立市、区学前教育专项经费，用于补贴师资培训、支持开展教学科研活动，对于获得市级以上政府表彰的先进幼儿园和先进个人给予额外奖励，先进幼儿园的奖金主要用于教职工的培训。郑州市将幼儿教师培训经费单列，设立了企事业单位办园、集体办园和民办幼儿园教师培训专项资金。

（三）向幼儿园"购买服务"

面对公共幼儿教育资源缺乏的现状，如果完全由政府依靠新

---

① 《普惠性幼儿园必须进社区》，http://news.21cn.com/caiji/roll1/2013/01/07/14286564.shtml。

② 牟青：《深圳幼儿园孩子每年可获 1500 元健康补贴》，http://news.ycwb.com/2013-01/07/content_4190460.htm。

建公办幼儿园来达到普及幼儿园教育，不仅耗时较长而且意味着数目较大的财政经费投入。如果将民办幼儿园纳入公共幼儿教育服务体系，就可以相应减少新建和扩建公立幼儿园的费用，并且能更快地达到普及幼儿教育的目标。民办幼儿园的学位是现成的，有研究者指出"与其把资金用在砖头和水泥上，不如把资金用在孩子身上。私立机构有立即可得的入学机会，这种快捷的方式不必等着楼房建成后才开始扩展受教育机会"。① 政府购买教育服务是指政府以契约的形式，通过公共财政向各类提供教育服务的社会组织购买相应的教育服务，目的在于为社会公众提供优质、高效、可选择的教育服务。② 由此可知，教育服务的购买者是政府，提供者是各类社会组织，接受者是社会公众。政府购买幼儿教育服务就是指"政府由原来直接举办幼儿园，调整为向有资质的社会组织或公民个人购买幼儿教育服务，并根据社会组织或公民个人提供服务的数量和质量进行评估付费"。③

　　纵观各地政府制定并实施的学前教育三年行动计划，我国政府购买幼儿教育服务的具体方式主要有两种：一是减免民办教育机构租赁校舍的租金；二是直接给予民办教育机构生均经费补贴。例如，深圳市免收产权属于政府的居住区配套幼儿园的租金或管理费，降低了这些幼儿园的办园成本。北京市对接受政府委托的普惠性民办幼儿园采取减免租金等补贴政策，连续两年考核成绩优秀的民办幼儿园可以参照教育部门办园的生均经费标准给予奖励。北京市财政 2011 年底安排经费 8157.24 万元对北京市

---

　　① Raden A. , "Universal Access to Prekindergarten: A Georgia Case Study," *Early Childhood Programs for a New Century*, Child Welfare League of Amer, 2003: 71 – 113

　　② 周翠萍、范国睿：《政府购买教育服务何以可能》，《教育学报》2011 年第 1 期。

　　③ 王海英：《政府购买幼儿教育服务的条件与风险防范机制》，《幼儿教育》（教育科学版）2011 年第 11 期。

415 所接收进城务工人员子女入园、具有普惠性质的非教育部门公办园实施了补助，按照在园幼儿每生每年 1200 元的标准用以弥补幼儿园公用经费的不足，惠及在园幼儿 67977 人。① 自 2012 年起，北京市对提供普惠性服务并且考核合格的民办园也给予补助，非教育部门办园补贴从生均 1200 元提高到 3000 元。② 天津市北辰区将民办学前教育机构纳入学前教育生均经费的补贴范围，每年拨付 1000 余万元用于资助民办幼儿园发展。③ 西安市从 2011 年 9 月起对全市登记注册的幼儿园实施学前一年儿童保教费减免政策，民办幼儿园按照同级同类公办幼儿园收取的保教费标准予以减免，所需经费由省、市、区县财政分担。西安市还对达到基本办园标准的各类幼儿园（包括公办、民办、机关企事业单位及其他社会力量办园）补助公用经费每生每年 200 元，对开办附设学前班的小学每生每年补助 800—1000 元，对各区县建立的特殊儿童随班就读康复救援中心每生每年补助 1500 元。④ 郑州市实施的学前教育政府购买服务专项计划是从 2011 年开始的，凡执行同等级公立幼儿园收费标准、招收本行政区户籍适龄幼儿的民办幼儿园，以招生人数及上年度属地公办园生均公用经费标准，由县（市）、区财政部门会同教育部门实行一定比例的生均公用经费补贴。⑤ 武汉市 2011 年财政投入 800 万元购买民办园提供的幼

① 黄为军：《北京 415 所非公幼儿园获 8157 万补贴，人均 1200 元》，http：//finance. ifeng. com/roll/20111202/5185061. shtml。
② 王南：《北京金秋新增幼儿园学位 2 万余个，民办园获补助》，http-tp：//news. qq. com/a/20120821/001321. htm。
③ 《本市实施学前教育三年行动计划基本情况》，http：//www. tj. gov. cn/hdsq/zxft/zxftzbj/201207/t20120730_ 179539. htm。
④ 毛海峰：《西安规定社会力量出资办学前教育可获得财政补贴》，http：//news. hexun. com/2012－06－05/142133573. html。
⑤ 陈强：《郑州启动学前教育购买计划》，《中国教育报》2010 年 12 月 8 日第 1 版。

儿学位 2.2 万个，要求接受补助的民办园收费不得超过公办园。①

总结分析政府购买学前教育服务的政策发现，文件分别对接受购买服务的幼儿园资格、政策的受惠对象以及补贴标准进行了具体规定。在接受购买服务的幼儿园资格方面，包括达到基本办园标准、考核合格、提供普惠性服务等要求；此项政策的受惠幼儿包括进城务工人员子女、本行政区户籍适龄幼儿，西安市覆盖所有学前一年儿童；财政每年补贴每位符合条件的幼儿的标准为 800—3000 元不等。另外，武汉市还对接受政府购买服务的民办幼儿园收费标准进行了限制，要求不得超过公办幼儿园。

二 面向需求方的财政资助

（一）发放幼儿教育券

以提高公平、效率和质量为目的的幼儿教育发展推进了以需求为导向的教育财政制度改革。教育券（educational voucher）政策最早是由美国学者米尔顿·弗里德曼（M. Friedman）针对美国公立教育出现的质量下降、效率低、资源配置不公平等问题提出的，主张政府向学生或家庭发放一张有效证券，这张证券代表专门用于教育的一定费用，学生和家长可以用此券向校方支付学费或其他相关费用，学校则向政府兑取与券值相等的现金。② 这是一种以儿童为中心的财政投入方法，将教育经费拨付给教育需求方，改变了财政性教育资源配置的路径，被认为是一种兼顾公平和效率的制度设计。弗里德曼的教育券计划旨在通过家长教育选择权所引发的市场竞争来改善学校教育的质量、提高效率，被

---

① 程墨：《湖北武汉2.4亿新改扩建50所公办园》，http：//edu. peo-ple. com. cn/h/2011/0926/c227696 – 1165973365. html。

② 米尔顿·弗里德曼：《资本主义与自由》，张瑞玉译，商务印书馆1986年版，第87页。

称为是"自由市场模式的教育券"。随后，詹克斯认为弗里德曼教育券模式只是实现了表面的公平（所有人都拥有相同面额的教育券），对于低收入或有特殊需要的家庭来说，他们仍然无法享有公平的选择权利。因此，他提出了"补偿教育券模式"提供给低收入或有特殊需要的家庭以额外金额的教育券。为了兼顾自由竞争和公平理想，加利福尼亚大学教授库恩和苏格曼进而提出应该依学生家庭状况的不同而发放不同面额的教育券，这种教育券模式被称为"收入关联市场模式的教育券"。[①] 幼儿教育券作为一种政府提供教育但是不一定参与生产和管理的制度设计，同时赋予了家长教育选择权。家长可以通过选择不同幼儿园的方式发挥教育券的"投票"作用，从而引发幼儿园之间的竞争，达到提高教学质量、提升经费利用效率的目标。幼儿教育券的公平性主要体现在教育资源配置的人均公平、园际公平和补偿公平。

2011年，郑州市制定了《郑州市学前教育券发放管理暂行办法》并开始尝试发放学前教育券，面向具有郑州市户籍或外来务工人员中父母持有合法房屋居住证明、流动人口计划生育证明，持有居住证、就业证明，并且在教育、民政部门正式注册登记的各级各类普惠幼儿园就读、年满3周岁的适龄幼儿。教育券的发放标准为每人每年300元，其中的100元补贴给幼儿园，财政部门将依据在园幼儿人数直接将补贴资金拨付到幼儿园；另外200元补贴给幼儿，幼儿入园交费时，家长可以将学前教育券交给幼儿园用以冲抵相应的托费。每名幼儿享受学前教育券补贴的时间累计不能超过3年。每月支出保教费和伙食费之和高于1080元的家庭及其子女，将得不到200元的补助。财政全供的幼儿园原则上实行"谁主办、谁补贴"，其他社会投资举办的幼儿园所

---

① 方钧君：《基于教育券思想的政府投资幼儿教育政策研究》，博士学位论文，华东师范大学，2007年，第153页。

需资金由市和幼儿园所在的县（市、区）财政各承担50%。[①]

整体而言，我国目前对幼儿教育券政策的实施只是小规模的试点，倾向于选择普及性的"自由市场模式的教育券"，发放给每个幼儿的教育券面额是相同的。[②]

（二）补助困难家庭幼儿入园

为了实现教育公平，教育政策必须坚持对弱势群体实行财政性补偿投入，对有困难的社会群体的子女接受幼儿园教育予以减免保教费用或发放生活补助费。例如，北京市为了保证家庭经济困难幼儿接受幼儿园教育的权益，制定了《北京市学前教育资助管理办法》，规定公办性质幼儿园（包括教育行政部门、乡镇中心、街道举办的幼儿园及其附属分园、其他部门办园）和民办普惠性幼儿园对持有《北京市城市（农村）居民最低生活保障金领取证》《北京市城市居民生活困难补助金领取证》《农村五保供养证》《中华人民共和国烈士证明书》《儿童福利证》的适龄儿童和残疾儿童免收保教费用；对持有《北京市低收入家庭救助证》的适龄儿童减免50%的保教费用。学前教育资助所需经费纳入市、区（县）两级财政预算。公办幼儿园资助所需经费由市、区（县）两级财政按照1∶1的比例分担。民办普惠性幼儿园的资助经费由市级财政从民办幼儿园奖励经费中统筹安排。同时，各类幼儿园都要从事业收入中提取3%比例的资金，专项用于在园儿童的特殊困难补助，提取的资金实行专账核算、专款专用。[③] 西安市从2011年秋季起，实行家庭经济困难的学前一年幼儿生活费补助政策，补助标准为每生每天3元（一年按250天计

---

① 《郑州市人民政府关于印发郑州市学前教育券发放管理暂行办法的通知》，http：//www. 110. com/fagui/law_ 389751. html。

② 刘焱、宋妍萍：《幼儿园"赞助费"取消后的制度设计》，《中国教育学刊》2013年第2期。

③ 《北京市学前教育资助管理办法》，http：//blog. sina. com. cn/s/blog _ 8a6d77db01018a2r. html。

算）。河南省规定各市、县要按照在校时间每生每天不低于 2 元
（一年按 200 天计算）的标准对家庭经济困难幼儿进行资助。郑
州市享有城市、农村居民最低生活保障对象的幼儿及孤儿、残疾
幼儿在使用教育券的同时，仍然可以享受有关学前教育的其他资
助政策。[1] 深圳市通过实施"深圳儿童健康成长计划"，对拥有
本市户籍和符合《深圳市关于加强和完善人口管理工作的若干意
见及五个配套文件的通知》规定的非本市户籍 3 岁至 6 岁在园儿
童，按照每生每年 1500 元的标准提供健康成长补贴。补贴经费
中的 1300 元用于抵减在园幼儿家长缴纳的部分保教费，200 元由
幼儿园统一组织在园儿童免费体检及购买儿童读物等。西安市对
于家庭经济困难的幼儿、残疾幼儿、孤儿补助生活费，每生每天
3 元，所需资金 50% 由省财政承担。

第三节　各地财政投入政策的改善效果

"行动计划"这个概念意味着发展学前教育是一项需要见诸
实效的工程，希望能切实解决一些问题、改善学前教育发展的现
状。"学前教育三年行动计划"的前提是对学前教育重要性认识
的提高，中端是行动的有力和实在，末端是发展学前教育的现实
成效。[2] 2011 年 2 月，教育部发出《关于各省市区报送学前教育
三年行动计划的通知》。2011 年 9 月，全国各地的编制工作结
束，进入全面实施的阶段。"学前教育三年行动计划"实施以
来，很多地方将发展学前教育真正纳入政府的职责范畴。政府的
财政投入力度明显加大，形成了多级财政共同投入经费的局面。

---

[1]　《我省部分儿童可享学前教育资助，每生每天不低于 2 元》，ht-
tp：//news. sina. com. cn/o/2012 - 12 - 04/141525727756. shtml。

[2]　虞永平：《学前教育三年行动计划"重在行动"》，《人民教育》
2011 年第 6 期。

在增加公办幼儿园数量的同时，各级政府还加大了对民办幼儿园的经费投入，致力于在减轻家庭教育支出负担的同时提高幼儿园的教育质量。

一 重点增加幼儿园学位的数量

无论是新建公办幼儿园还是提供奖补资金鼓励民办幼儿园新建、改扩建班级规模，政府财政投入的目的是解决"入园难"的问题，并且是以增加幼儿园数量和幼儿入园学位的方式应对幼儿教育资源的绝对缺乏，提升入园率，在一定程度上实现"广覆盖"，缓解学龄前幼儿"有园上"的教育机会问题。

表4—2　　　　各地学前三年毛入园率目标汇总　　　　单位:%

城市	2010 年	2013 年
北京	80.8	90
天津	—	95
深圳	91	93
石家庄	88.4	88.8
郑州	68.3	85
武汉	78.63	83.6
西安	81.97	90.68
贵阳	51.01	60

从表4—2中的数据可知，2010年各地的学前三年毛入园率均值约为77%，其中贵阳、郑州、武汉三个城市的入园率较低。2013年各地政府规划的学前三年毛入园率均值约为86%，比2010年平均提高了9个百分点，其中郑州市的学前三年毛入园率提高比例最大为16.7%，北京、西安、贵阳三个城市的毛入园率提高9%左右，石家庄市和深圳市的毛入园率提高比例较小，分别为0.4%和2%。以郑州市为例，2011年共获得中央财

政奖补"校舍改建类"项目资金 2469 万元，用于改建幼儿园 29 所；2012 年获得中央财政"校舍改建类"项目奖补资金共计 3355 万元，用于 38 所幼儿园的改建工作。据教育部统计，截至 2013 年底，"学前教育三年行动计划"新增在园幼儿 918 万人，相当于过去 10 年增量的总和。据初步统计，各地已新建 2.5 万余所幼儿园，改扩建 3.4 万余所，增设小学附属幼儿园 4.6 万余所。[①]

二 逐步提升公办性质幼儿园的质量和公益性

教育部门对机关办园、全民所有制企事业单位办园以及部分集体所有制单位办园承认其公办性质，但是不给或不全给公办园待遇，这些幼儿园有可能通过所属单位从政府那里获得一定的幼儿教育经费，但是不同地区、不同机构的做法各异。目前公办性质幼儿园中的教育质量和经费收入差距较大。

家庭的幼儿园教育支出负担调查显示，街道办园和企业办园中家庭的教育支出负担较重，而且街道办园中有近 50% 的家庭需要支付选择性教育费用。在缺少甚至没有财政经费来源的情况下，这些幼儿教育资源相对贫乏的薄弱幼儿园只能通过提高收费来维持幼儿园的正常运营，或者采取低收费、低质量运营的方式。这种做法不仅加大了家庭的经济负担，而且无法保证幼儿园教育的质量。同时，调查也显示，街道幼儿园和企业办园仍然是普通民众子女接受幼儿教育的一个重要选择。因此，一些地区在"学前教育三年行动计划"中提出以专项经费的形式奖补公办性质幼儿园用于房屋装修、购买设施设备，有助于这些幼儿园改善硬件条件。北京市政府逐步加强对公办性质非教育部门办园（包括乡镇农村幼儿园、街道幼儿园、集体性质幼儿园、其他部门幼儿园）的生均定额补助用于弥补幼儿园公用经费的不足，使街道

---

① 林露：《教育部：学前教育三年行动计划新增在园幼儿 918 万人》，2014 年 2 月，人民网，http://edu.people.com.cn。

办园、企业办园这些主要依靠家长缴费的公办性质幼儿园能够获得稳定的财政经费。

机关及事业单位幼儿园中的"特权化"现象较为严重，这些幼儿园主要为本单位职工服务，很少向社会开放。调查显示，机关及事业单位办园中父亲职业不是"国家机关及企事业单位干部"的家庭中，缴纳"捐资助学费"的家庭比例达到40.9%，说明这类幼儿园在满足本单位职工子女的入园需求后，开始利用自身的资源优势将剩余的学位按照市场价格提供给社会其他成员。国家严格禁止幼儿园以任何名义向家长收取与入园挂钩的"捐资助学费"之后，以生均经费的形式财政补贴这类幼儿园，一方面保证了幼儿园的基本运营经费，同时也增强了幼儿园的公益性，有助于逐渐改变这些公办性质幼儿园在招生方面的垄断地位，打破权力结构所导致的结构性入园难，扩大公共财政的受益面。

三 规制民办幼儿园的收费

当前我国的幼儿教育市场并非是一个完全竞争的市场，幼儿教育信息的不完全与不对称性以及幼教市场结构的层级分化等，决定了单纯依靠市场是不可能实现幼儿教育资源配置的最优化，更不能保障幼儿教育公平的实现。因此，政府的干预是必不可少的。民办幼儿园作为幼儿教育体系中不可或缺的组成部分，当前呈现出收费不合理、师资水平低等问题，这些多是逐利动机驱使的自然选择。而这些问题的解决和改善需要借助有效的政策。有调查表明，我国只有10%投资办教育的机构或个人是出于公益性的目的，剩余90%的投资者是追求营利性回报的。① "学前教育三年行动计划"中，各地政府对民办幼儿园进行财政补贴的前

---

① 杨丽琳：《我国民办高等教育政府管制问题研究》，硕士学位论文，江西财经大学，2004年，第23页。

提是，接受补助的民办幼儿园需提供普惠性服务，其中最重要的一个指标就是限制民办幼儿园的收费标准。例如，北京市对民办幼儿园的补助要求是"保育费收费标准每人每月不超过 1200 元、接收进城务工人员子女入园人数不低于 5%，并且考核及年检合格"①；郑州市对于获得生均公用经费补贴的民办幼儿园收费标准要求是"执行同等级公立幼儿园收费标准"。在民办幼儿园收费实行价格备案制度的基础上，政府通过对部分民办幼儿园收费实行政府指导价，能够在一定程度上制止某些民办幼儿园自行规定不合理的收费项目和收费标准，防止民办幼儿园之间的过度竞争，并减轻家长的经济负担。

政府规制的目的是通过约束个人利益最大化的动机以防止其损害他人与公众的利益，这与市场化的目的是相互补充的。② 政府对民办幼儿园进行管制有其内在合理性。最高限价政策是政府对公共事业进行经济型管制的重要手段。幼儿教育作为一项外部性很强的社会公共事业，能够为他人和社会带来正外部效益，这种正外部性的存在是政府财政投入幼儿教育的原因之一。但是，民办幼儿园收费存在着明显的负外部性，过高的收费将会严重降低贫困和低收入家庭子女接受幼儿园教育的机会。政府对民办幼儿园收费的规制目标就是要让更多的适龄儿童享有获得幼儿教育资源的机会，减少民办园收费带来的负外部性。

但同时需要引起注意的是，由于民办幼儿园的收入来源主要是学费，而正规民办幼儿园的收费标准是以政府规定的"成本补偿"为基础而加以限定的，如果投资者除去"合理利润"的扣留，那么民办幼儿园将没有更多的资金用于园所设施设备的更新

---

① 有关印发《北京市扶持学前教育事业发展项目经费管理办法》的通知，http://www.edu24ol.com/web_news/html/2013 - 2/201302120109325002.html。

② 张会恒：《我国公用事业政府规制的有效性研究》，中国科技大学出版社 2007 年版，第 59 页。

以及提升教师的福利待遇。而且，接受限价管制、申请财政补贴的民办幼儿园多是中低端的幼儿园。这些民办园的盈余本来就不存在"暴利"，如果政府的财政补贴不能弥补幼儿园降低收费标准后的经费不足，那么接受限价管制的民办园很有可能采取减少生均教育成本的方式来应对。而生均教育成本的降低并不一定是通过提高效率的方式来实现的，存在的最大可能是采取扩大办园规模、聘请低质量的幼儿教师等降低教学质量的方式。这样的结果实际上是让消费者支付同样的价格获得质量较低的教育产品，不仅与最初想要使消费者受益的政策目标相违背，而且幼儿教育市场的整体质量将举步不前甚至有所下降。政府管制与行政命令之间的本质区别在于，管制的目标是要形成一个健康的秩序。①学费管制的目标不能仅仅是限制收费标准，而是要奠定幼儿园、政府和公众之间的秩序。这个秩序应该体现政府与民办园之间良好的治理关系，以及民办园内部的管理秩序。为了防止限价政策有可能导致的价格与质量间的替代，政府需要进一步保证财政补贴民办园经费数额确定的科学性，通过政府收费管制推行民办园信息公布制度、改善信息不对称现象，并且制定对接受限价管制的民办园的监管评估办法。

四　部分减轻贫困家庭的幼儿教育支出负担

教育公平的本质是教育利益分配的合理性。不同的教育公平观持有不同的"合理性"标准，但是在社会生活和教育实践中，人们还是对教育公平与教育利益分配的合理性问题达成了一些共识。例如，法律规定人人享有平等的受教育权；对于弱势群体在教育利益分配时应差别对待，体现补偿原则。对于政策目标公正性、合理性的分析，要衡量其是否反映了广大公众的需求，是否

---

①　曾晓东:《大学收费管制的目标》,《高等教育研究》2007 年第 28 卷第 8 期。

关注到了最贫困的社会阶层。[1] 平等地分配教育利益是教育公平的第一要义。西安市实行的学前一年儿童减免保教费政策以及郑州市发放学前教育券的措施，普及性地减少了适龄幼儿家庭的教育支出。但是这种均等分配一般来说是一种可能性的平等，只是保障了每个适龄幼儿家庭拥有同等获得财政性教育经费的机会，但是不能保障这些家庭实现教育利益的同等，即不能保障所有家庭减轻同样的幼儿园教育支出负担。

平等原则本身还内含有补偿的要求，"意味着任何自然的、经济的、社会的或文化方面的低下状况，都应尽可能从教育制度本身得到补偿"[2]。各地政府针对经济困难家庭幼儿接受幼儿园教育而制定的资助政策就体现了这一原则。以北京市为例，北京市低保、生活困难家庭子女就读于公办性质幼儿园和普惠性民办幼儿园，均可免交保教费用，低收入家庭可以减免50%的保教费用。北京市2011年的城市低保标准为家庭月人均480元，城市低收入家庭的认定标准为月人均731元。[3] 以三口之家计算，北京市低保家庭的月收入为1440元，低收入家庭的月收入为2193元，均在3000元以下。有关幼儿家庭的园内教育支出水平的调查显示，北京市月收入3000元以下家庭的保教费用支出均值为518元/月，园内教育总支出均值为1144元/月。目前的园内教育总支出约占低保家庭收入的79.4%，占低收入家庭收入的52.2%。实施困难家庭减免幼儿园保教费用政策之后，低保家庭需要支付的幼儿园费用约为626元/月，支出占家庭月收入的43.5%；低收入家庭需要支付的幼儿园费用为885元/月，支

---

① 高庆蓬：《教育政策评估研究》，博士学位论文，东北师范大学，2008年，第74页。

② ［瑞士］赫梅尔：《今日的教育为了明日的世界》，王静、赵穗生译，中国对外翻译出版公司1983年版，第69页。

③ 《本市2011年将大幅调整城乡居民最低生活保障标准》，http://zhengwu. beijing. gov. cn/bmfu/bmts/t1146473. htm。

出占家庭月收入的 40.4%。接受资助的家庭在幼儿园教育支出方面的负担分别减轻 35.9 和 11.8 个百分点。

第四节　政府财政投入幼儿教育
政策的合理性分析

"学前教育三年行动计划"作为一个政策文本，只有确保文本的科学性与可行性，同时以更具前瞻性的眼光、更务实的态度去看待已有的财政投入政策，才能使行动计划更有力地促进学前教育事业的发展。关注各地三年行动计划实施过程中出现的问题，有助于进一步完善幼儿教育财政投入的后续工作。例如，如何分配有限的幼儿教育财政经费，是"锦上添花"，把有限的财政经费投向少数公办幼儿园；还是实施"普惠"，让财政经费实实在在地投向每个幼儿家庭；又或者是"雪中送炭"，优先对低收入家庭提供幼儿园教育？幼儿教育财政经费投入方式的选择关系到每个适龄幼儿及其家庭的切身利益，同时也反映出政府想要达到的政策目标。

一　是加大公办园建设还是以资助民办园为主

解决"入园难、入园贵"问题，政府应该如何参与？哪种幼儿教育财政经费分配的方式更合理？《国务院关于当前发展学前教育的若干意见》指出，要大力发展公办幼儿园，提供"广覆盖、保基本"的学前教育公共服务。作为社会公共服务机构，公立幼儿园的发展水平代表着一个国家创建公共学前教育体系的力度以及儿童享受普惠性学前教育的情况。各地政府在"学前教育三年行动计划"中纷纷提出要新建、改建、扩建一批幼儿园，致力于增加公办幼儿园的数量，提高幼儿教育的公益性。

由于学前教育服务的对象是幼儿，大部分家庭在选择托幼机构时会将"接送是否方便"作为主要考虑因素之一。因此，从规划布局上必须保证"普惠性"幼儿园方便就近，幼儿园的布局结构要与老百姓的需求相协调。首先，在新建幼儿园的选址问题上，新建公办幼儿园的设点布局应该结合当地的人口密度、生源发展趋势、交通环境和服务半径等因素综合考虑。根据《中华人民共和国国家标准城市居住区规划设计规范 GB 50180—93（修改本）》相关指导原则，规定"一社区一园或服务半径 1.5 公里一园"，且每 5000 人口规划建设 1 所规模至少为 6—8 个标准班的幼儿园，或每 10000 人口规划建设 1 所规模至少为 12—15 个标准班的幼儿园。政府应该进行实地调研并提前做好入园人数的预测，在实地查看地形时还要充分听取周围居民的意见和建议。通过与一位市级示范民办幼儿园的园长进行访谈了解发现，当前新建公办园的选址问题有待科学化。这位园长提出："我们的幼儿园位于小区内，现招收有 300 名幼儿，有幼儿教师 47 人。我们这个民办园是市级示范幼儿园，并且申请为普惠性民办幼儿园，目前正在提高质量标准为申请省级示范幼儿园做准备。我们每月的收费并不高，仅为 780 元/月，同级别公办园的收费标准约是 600 元/月。全小区约有住户 1000 人，附近原来是个村庄，现在正在进行城中村改造。距离我们幼儿园直径 100 米左右的地方还有一个企业办的幼儿园，办园时间比较久，虽然硬件设施有些老化，但是师资稳定、招生规模较大，有 500 多名幼儿，而且不需要交房租。这次三年行动计划实施中，政府在距我们一栋楼之隔的地方又新建了一所公办幼儿园，位于两所幼儿园之间，规划的是 15 个班的办园规模。这样一来，三所幼儿园之间的路程走路 10 分钟就到了。我们幼儿园原来是以招收小区内幼儿和村庄中的外来务工人员子女为主，但是城中村改造致使在这附近居住的外来务工人员数量减少，幼儿的数量也相应减少。至于小区内的适龄幼儿，在这个公办园新建成之后，肯定首选公办园，因为他们的师资都是通过全市的招教考试选拔出来的，而且配备的设施设备很新很齐全、质量又高。以今年为例，新建的公办园已经开始招生，但是在招生人数方面有所限制，只是招收了1个20人的小班，要求幼儿必须有本辖区的户口、家庭有本辖区的房产证，我们小区的幼儿都符合这些标准。附近企业办园的招生情况虽然也受到影响，但是毕竟新建的公办园有招生人数和招生标准的限制，而且企业办园老早就开始预约报名了，今年小班仍然有4个班的规模。我们幼儿园在往年这个时候能够招收2个小班规模的新生，但是今年只招收了1个班，而且全部是不符合公办园招生标准的外来务工人员子女。如果新建的公办园今后招生满15个班、城中村改造再没有了外来务工人员居住，我们幼儿园的招收生源将成为很大的问题。"各地在"学前教育三年行动计划"中投入大量财政经费用于新建公办幼儿园，一是为了解决幼儿无园可上的问题，二是为了增强幼儿园教育的公益性，通过保证公办幼儿园的数量来引导幼儿教育的发展方向。因此，新建的公办园设点应该首先选择没有幼儿园的区域，或者是贫困、低收入家庭聚集的区域，又或者是民办园收费较高而周围居民负担不起的区域。而上述案例表明，某些新建公办幼儿园的选址并没有很好地发挥公益性价值，政策在制定时缺少整体性设计，带有一定的临时性和随意性。这种现象究竟属于个案还是较为突出的问题，还有待更进一步调研。

对于新建公办幼儿园的持续财政投入有赖于地方政府的经济实力。有些地区在完成了幼儿园的建设之后，创新了公办幼儿园的办学形式，实行委托社会力量管理。例如北京市新建小区配套幼儿园就采用公办幼儿园委托社会办园机构管理的方式，对其实行限价收费。首先，由教育行政部门对小区幼儿园的成本进行审核，在签订三年协议时确定幼儿园的最高收费标准。如果小区配套幼儿园的收费属于普惠标准，即平均每月收费不高于1900元，区县教委将免收配套园的管理费和国有资产占有费等。[1] 试点幼

---

[1]　罗德宏：《北京小区幼儿园拟限最高收费，普惠民办园可获补贴》，http：//news. xinhuanet. com/local/2011 – 10/11/c_ 122143610. htm。

儿园不用缴纳国有资产使用费，相当于免除房租。根据地域、幼儿园级别的不同，限价收费的标准也略有差异。[①] 北京市朝阳区的委托办园收费在不包括伙食费的情况下分为两个档次：一级一类幼儿园每月收费不能超过 1700 元，而同等条件的民办园收费一般至少为 2500 元至 2700 元以上；一级二类幼儿园每月收费不能超过 1400 元。[②]

　　但是，如果仅仅依靠政府财政投入建设新的公办幼儿园来解决幼儿教育资源不足的问题，所花费的成本是否太高？而且还有可能出现资金浪费的现象。另外，新建幼儿园需要一定的时间，政府的财政经费实力也很难保证幼儿园建成后的持续经费投入。经济政策本身存在一定的周期性，权宜性的政策设计如大规模的基建投入是因为目前幼儿教育市场供不应求，但是当幼儿出生率下降、入园需求减少时，空置的园舍又该怎么处理呢？因此，如何充分利用现有的民办幼儿园普及幼儿教育是一个值得思考的选择。同时，政府财政投入民办幼儿园的政策能够减少幼儿教育经费分配产生更大的不公平现象。从幼儿园的经费来源看，民办幼儿园实行的不是分担制，而是家庭完全承担制。但是，民办幼儿园也是在为社会服务、为政府解忧。因此，政府应该给予符合各项规章审核的民办幼儿园必要的经费扶持。有实践证明，政府加强对民办幼儿园的指导和帮助可以降低民办幼儿园的收费标准，直接使幼儿及家庭受益。而且能够以相对较低的财政投入，换取比创办公办园更高的效益：原来只能给公办幼儿园 1 个孩子的经费现在可以使民办幼儿园的 3 个孩子受益，政府的财政补贴惠及

---

　　① 张灵：《北京新设委托园将限价收费，朝阳去年已率先实行民办幼儿园收费 2000 元以下可获奖励》，http：//city. ifeng. com/cshz/bj/20120831/291372. shtml。

　　② 《北京东城普惠性民办幼儿园得到专项资助》，http：//news. ifeng. com/gundong/detail_ 2012_ 04/16/13908366_ 0. shtml。

了更多的在园幼儿。① 把民办幼儿园纳入幼儿教育公共服务体系，能够有效扩大幼儿教育公共服务的供给。各地政府通过专项奖励、"购买学位"、发放幼儿教育券等方式维持民办园收费标准，引导其办成普惠性幼儿园，能够比较快速、低成本地解决目前幼儿教育资源缺乏的突出矛盾。但是真正落实到民办幼儿园中的财政经费资助效果如何呢？

当问及"学前教育三年行动计划"实施期间民办园获得的财政资助情况时，一位民办幼儿园园长表示："我们花费了近20万元添置幼儿园设施设备来申请市级示范幼儿园，政府承诺的奖补资金是10万元。目前到账的奖补资金是6500元/年，规定必须用于增加幼儿园硬件设施或教师培训。另外，幼儿教育券制度也已经落实，每个孩子每年补贴300元，其中100元直接补贴给幼儿园。但是，这对于整个幼儿园来说，可以说是杯水车薪。"另一位省级示范公办幼儿园的园长表示："2012年幼儿园的公用经费增长了20%，2011年约为43万元，2012年获得了51.6万元左右。"这个省级示范公办幼儿园约有幼儿360人，2012年的生均公用经费约为1433元。由此可见，不同类型幼儿园之间获得的财政经费可谓是天壤之别。民办幼儿园园长提出："对我们来说，房租和教师工资是最重的两项经济负担。另外，幼儿教师流动性大是最紧要的问题。虽然我们幼儿园也能够享有幼儿教师国培计划，2012年共参与了3次，有园长培训、计算机远程培训和教师培训。但是我们都不敢选派骨干教师出去培训，因为他们很容易在培训回来之后不安于现在的工作甚至跳槽。所以，如果政府能够给我们一定的教师编制，哪怕是两年给1个，我们的幼儿教师也有个盼头。作为幼儿园也会愿意加大对教师的培训，提高师资质量。不然，我们其实是在为公办幼儿园或者其他更好

---

① 刘焱：《对我国学前教育几个基本问题的探讨——兼谈我国学前教育未来发展思路》，《教育发展研究》2009年第8期。

的民办幼儿园培训师资，好的幼儿园老师在各方面能力提高之后都跑了。"由此可以看出，民办幼儿园迫切需要的是一种制度性的政策支持。

二　财政补贴是普遍发放还是重点补偿弱势群体

以往我国的财政经费主要投向了少数公办幼儿园，没有真正体现"广覆盖、保基本"的目标，客观上造成了一些不公平现象。例如家庭资本的优劣影响着幼儿进入公办幼儿园的机会，致使民办幼儿园中贫困、低收入家庭的教育支出负担过重。而这部分弱势家庭子女的入园问题直接关系到我国幼儿教育的普及，是幼儿教育发展过程中需要着重关注的群体。当弱势群体与优势群体之间形成了巨大差距的时候，有限的幼儿教育财政经费究竟应该普遍发放还是重点补偿，这是政府在制定财政投入政策时必须做出的选择。

各地区补贴家庭支付幼儿教育费用的方式一般以发放幼儿教育券为主。教育券实施的本意是促进学校之间的竞争，进而改善学校教育的质量，但是这一设想需要建立在学校平等竞争的前提基础上。在幼儿园教育质量良莠不齐，各地区教育资源存在显著差距的情况下，政府部门若贸然实施"自由市场模式的教育券"将会进一步恶化教育资源分配不均的现状，造成幼儿园之间的进一步等级分化。这样一来，幼儿教育券赋予家长选择的权利无疑是不彻底的，而且会使不同收入水平的家庭获得不同程度的实际选择能力，低收入家庭只能"选择"质量较低、收费较低的幼儿园。教育券政策发挥何种效用，主要取决于政策设计、相关配套措施以及政策执行的环境。将教育经费简单地转换为教育券的做法，并不能改善教育资源配置中的不公平现象，而只能是复制原有的不平等。①

---

① 李海生：《教育券政策分析》，博士学位论文，华东师范大学，2007年，第120页。

美国密尔沃基市的教育券计划也证实，在具备加入教育券计划条件的低收入家庭中，相比较而言受过更多教育的家长和更加富裕的家庭能够更好地利用教育券项目。该教育券计划实际上使更多有能力的学生走出了公立学校系统。①

以郑州市为例，目前发放的是普及性的低水平幼儿教育券，每人每年 300 元，其中 100 元给幼儿园，200 元给幼儿家庭。幼儿教育券的面额远远不足以支付任何一所幼儿园的教育费用，家长还需额外支付绝大多数费用。

表 4—3　　　　　　　　郑州市幼儿园收费标准比较　　　　单位：元/月

办园类型	幼儿园等级	2011 年		2013 年		
		保教费	延长服务收费（民办园其他费用）	保教费	延长服务收费	教育券家庭补助
公办园	省、市示范园	350	30	400	80	20
	一级园	310	30	310	80	20
	二、三级园	150	30	200	80	20
	准办园	100	30	100	80	20
民办园	市示范园	450	100	650	—	20
	一级园	460	80	800	—	20
	合格园	500	—	630	—	20

本书基于 2013 年 2 月对郑州市 9 所不同等级民办幼儿园的收费情况进行调查，并结合公办幼儿园收费标准的变化，汇总了 2011 年与 2013 年幼儿园的收费状况。从表 4—3 中可以看出，财政补贴给家庭的幼儿教育券还不足以抵扣保教费增长的数额。据了解，2011 年，郑州市、县两级财政共投入资金 5789.8 万元对

　　① 周翠萍：《我国政府购买教育服务的政策研究》，博士学位论文，华东师范大学，2011 年，第 59 页。

19.3 万名在园幼儿给予教育券补贴。2012 年市、县两级财政资金提高至 6766 万元，对 22.55 万名在园幼儿给予补贴。[①] 郑州市 2012 年的最低工资标准是 1080 元/月，一个家庭的最低工资约为 2160 元/月。有关郑州市家庭的幼儿园教育费用支出调查中显示，月收入 3000 元以下的家庭约占 31%。如果以此作为困难家庭子女占在园幼儿数的比例进行推算，2012 年获得幼儿教育券的在园幼儿中约有贫困家庭子女 69905 人。如果将所有幼儿教育券的资金全部用于补贴这些困难家庭子女，每个幼儿大约能获得财政补贴 968 元/年。每月近 100 元的财政补贴无疑对于减轻这些家庭经济负担的作用更大一些，补贴数额接近于公办园中准办园的保教费标准。

为了追求社会的公平正义，我们必须努力平衡政策选择中的各方价值利益。而弱势补偿原则能够更好地实现社会发展的价值平衡。"所谓价值平衡，主要是指教育政策价值主体不同的教育价值选择和利益要求之间的协调与平衡，其目标是使彼此冲突的价值选择和利益要求得到最大限度的实现，并把其中的代价和摩擦降低到最小限度。"[②] 在幼儿教育起点严重不公平的现实条件下，如果我们仍然实行无差别的财政性教育经费投入，实际上是一种不公平的经费分配方式。由于个人接受幼儿教育的机会受到家庭所处社会经济地位的影响，政府可以通过采取一些优先政策对由此产生的不公平担负起责任。幼儿园教育费用分担的弱势补偿原则就是把财政经费分配摩擦降低到最小限度的强有力措施。确立弱势群体优先、"济困"与"普惠"相结合的发展战略，才能使政府对幼儿教育的财政投入实实在在地惠及有特殊需要的幼儿及家庭，帮助家长减轻支付幼儿园教育费用的负担，真正形成

① 郑州市教育局统计数据。
② 刘复兴：《教育政策的价值分析》，教育科学出版社 2003 年版，第 147 页。

政府、社会和家庭共同分担幼儿园教育费用的机制。

三 是短期财政补贴还是长期制度性经费投入

"学前教育三年行动计划（2011—2013 年）"是发展学前教育的短期目标，是解决"入园难、入园贵"的阶段性计划。但同时，三年行动计划也是学前教育发展长期规划中的一个有机组成部分，它提出的政策措施对于确保未来学前教育经费投入的科学性有着重要影响。三年行动计划的核心是加强政府的财政经费投入。值得注意的是，各级地方政府设计的专项经费资助方式多是保证三年行动计划周期内的财政拨款，许多奖补措施是一次性发放或多为中短期政策，并未将幼儿教育财政经费应占各地财政经费的比例或数额以政策的形式确定下来。从地方政府的财政投入结构来看，经费也较多地投入到新建、改建和扩建幼儿园等基础建设的硬件投入上。而硬件作为发展幼儿教育的基础，在确保硬件投入的前提下，更需要加强对隐形的教育环境和师资水平等软件的持续财政支持。只有这样，幼儿教育事业才能真正获得健康有序的发展。

学前教育"国十条"中要求"预算有科目、投入有比例、拨款有标准、资助有制度"，将学前教育经费列入各级政府的财政预算是一个根本性的制度要求。但是从 2011 年 9 月公布的各省份"学前教育三年行动计划"文本来看，31 个省份中只有 4 个省份（占 12.9%）列出了财政性学前教育经费在财政性教育经费中的占比。如果仅仅把发展幼儿园教育的责任视为是三年的行动，那么很可能造成幼儿教育发展的后劲不足。三年行动计划结束后政府的财政资金如何制度性地长效扶持公办性质幼儿园和普惠性民办幼儿园，给予不同类型幼儿园可持续发展的动力，这是需要进一步思考的问题。有些地方对接受补助的民办园日后收费的标准没有限制，很多家长担心获得资助的民办园在改善了办园环境、提高了办学质量后，会提高收费标准。有些接受补助的民办园园长表示"短时期内不一定会提高收费水平，但一定不会降低收费水平"。[①] 那么"短时期"之后又该如何保证这些民办园的普惠性质呢？因此，在确保幼儿教育经费投入数量的同时，还需要关注经费投入的结构和方式，确保为幼儿教育发展提供稳定的财政支持和监管制度，避免以补救性的经费投入代替制度性投入。

另外，相比创办公办园带来的体制性负担，政府购买服务具有制度上的灵活性。然而，政府购买服务的过程并不只有投入资金这一个步骤，还包括持续的管理，尤其是财务审计、质量监控等内容。而这些进程都需要管理成本，如果地方政府仅从降低成本的角度选择购买服务的方式来扩大幼儿教育资源，就忽略了全程的管理成本。那么，当这一政策付诸实施时，地方政府就会因为缺少约束政策与监控措施而使政府的财政资金置于无人监管的风险境地。

---

① 吴少敏：《东莞投 3 亿补贴学前教育或成"甜蜜的负担"?》，ht-tp：//www.chinanews.com/edu/2012/02－20/3680786.shtml.2012－02－20。

第五章

幼儿教育费用合理分担的建议

第一节　幼儿教育费用分担的理论基础

　　教育经济学中讨论教育费用问题的理论主要是教育成本分担理论。美国教育经济学家约翰·斯通于 1986 年在其著作《高等教育成本分担：英国、联邦德国、法国、瑞典和美国的学生财政资助》一书中提出了教育成本分担理论，[①] 认为教育是有投资、有收益的活动，能够满足多个主体的需要，其收益人包括国家、受教育者个人、纳税人（雇主）、企业、家庭和学校。教育成本分担其实是成本在各方之间的转移，一方的负担减轻，必须要由另一方或者另几方来共同承担，亦或者通过降低成本来得到补偿。所谓高等教育成本分担，就是指高等教育成本完全或大部分由政府或纳税人转向至少部分依赖家长和学生负担，他们交学费补偿部分教学成本，或支付合理费用补偿由政府或大学提供的住宿费和膳食费。[②] 高等教育成本分担理论的提出是基于高等教育的准公共产品属性。如

---

　　① Johnstone，D. B.，"The Economics and Politics of Cost Sharing in Higher Education：Comparative Perspectives"，*Economics of Education Review*，2004，23（4）：403.

　　② 傅静：《高等教育成本补偿模式的选择》，《培正商学院学报》2004年第4期。

上文所论述，幼儿教育也属于准公共产品。有关教育成本分担的原则也应适用于幼儿教育领域。教育成本分担理论提出的基本分担原则有助于借鉴分析相关的幼儿教育费用分担问题。

一般来说，教育成本分担遵循着三条基本的原则，一是公平原则，二是利益获得原则，三是能力支付原则。公平原则是教育发展的基本准则，同时也是教育追求的终极标准，它要求受教育者获得教育的机会平等、公共教育资源在不同收入水平的社会成员之间的分配平等，同时，它也强调补偿性公平原则的重要性。美国哈佛大学教授罗尔斯（John Rawls）在《正义论》中指出，在分配人的利益方面，存在着两种结果：平等分配和不平等分配。正义包含两个原则："第一原则，每个人都应有平等的权利去享有与服务于所有人的类似自由体系协调一致的、由平等的诸基本自由构成的最大总体系。第二原则，社会和经济的不平等应这样安排，使得这两种不平等都能够最大限度地增进最不利者的利益；这两种不平等所依系的职务和地位，应该基于机会的公平平等条件向所有人开放。"① 罗尔斯提出的公平观显示出首先要保证所有人的受教育机会均等，同时允许最少受益者获得"补偿利益"的不均等资源分配。

利益获得原则，是指谁从教育中获得好处和利益（无论是直接还是间接），谁就应该支付教育费用；获得的好处和利益越多，支付的费用便越多；反之，获得的好处和利益越少，支付的费用就越少，② 即根据社会和个人收益的大小来确定各自分担的成本

① 转引自威尔·金里卡《当代政治哲学》，上海译文出版社 2011 年版，第 105 页。

② 张小萍、谭章禄：《我国高等教育学费价格机制实证分析》，《价格理论与实践》2005 年第 4 期。

份额。美国经济学家雅各布·明瑟以人力资本理论为基础提出了教育收益率方程。个人在接受高等教育的过程中提高了自身修养和劳动能力，因此能够胜任没有接受过高等教育的劳动者所不能完成的工作，不仅弥补了其在接受教育期间所消耗的直接成本和间接成本，而且能够获得一定的个人收益。根据明瑟收益率计算，发达国家的高等教育个人收益率为12%，发展中国家的高等教育个人收益率达到18%；① 根据内部收益率计算，发达国家的高等教育社会收益率为9%，发展中国家的高等教育社会收益率为13%。② 很显然，无论是发达国家还是发展中国家，高等教育的个人收益率都高于社会收益率。关于幼儿教育的成本——效益研究中最具有代表性的是美国佩里学前方案成本效益分析。该方案对123名来自低收入家庭的幼儿进行40年的追踪研究表明，学前教育的投入成本对个人（包括家庭）和对社会的回报率是同时存在的，其中对个人的回报率是1∶4.17，对社会的回报率是1∶12.9。③ 这表明，幼儿教育的个人收益率明显低于高等教育的个人收益率，而且幼儿教育的社会收益率显著高于个人收益率。按照"谁受益、谁付费"的原理，公共财政理应大力发展幼儿教育。而且，政府财政投入幼儿教育的经费应该比拟高等教育财政经费。

　　能力支付原则是以支付能力作为确定教育成本分担标准的依据，所有从教育中获得收益的人，无论获得的是直接收益还是间接收益，都应该按照其支付能力的大小而支付教育费用。能力越

---

　　① 甘国华：《高等教育成本分担研究——基于准公共产品理论分析框架》，上海财经大学出版社2007年版，第141—143页。

　　② 靳希斌：《教育经济学》，人民教育出版社2001年版，第453页。

　　③ Schweinhart L., The High/Scope Perry Preschool Study Through Age 40: Summary Conclusions and Frequently Asked Questions, http://www.plan4 preschool.org/documents/perry40.pdf.

大者支付越多，能力越小者支付越少。个人支付能力的判定标准一般是个人收入或支出。依据边际效用递减的规律，拥有较大能力的人其超额财富的效用较低，因此，拥有较多财富者多支付教育费用也是公平的。[1]

第二节　幼儿教育费用分担模式的建构

目前，我国已经形成了低收费公办幼儿园、高质量高收费公办园、低收费低质量民办幼儿园和高收费民办幼儿园共存的现象，这种格局对于我国幼儿教育的快速发展以及满足公众对幼儿教育的需求发挥着重要作用。虽然幼儿园高收费在很大程度上缓解了幼儿教育财政经费不足的问题，但是事实上是由幼儿家庭承担了原本应该由政府承担的教育费用，并且，幼儿园收费的快速上涨已经超出了居民的经济承受能力。然而，由于我国经济发展水平有限，政府的财政经费还难以达到使每位适龄幼儿接受低收费的公办幼儿教育。因此，政府的财政投入应在保证经费规模的基础上有重点地分配，创新财政投入方式以充分发挥财政经费维护幼儿教育公平的职责。

一　完善政府分担幼儿教育费用的方式及制度

通过分析各国政府财政投入幼儿教育的规模显示，即使是政府分担较少、家庭分担比例较大的美国、加拿大、日本和韩国，其幼儿教育财政经费占幼儿教育费用的比例也为41%—48%。在联合国教科文组织认定的9个全民教育发展的"特别优先对象"国家（孟加拉、巴西、中国、埃及、印度、印度尼西亚、墨西哥、尼日利亚、巴基斯坦）中，2008年学前教育经费占

---

① 蒲俊梅：《高等教育成本分担机制比较分析》，硕士学位论文，西南财经大学，2010年，第15页。

GDP 比例最高的是墨西哥（0.69%），最低为中国（0.07%）。2009 年"金砖四国"中的俄罗斯学前教育经费投入占教育总经费的比例高达 15%，而我国仅为 1.37%。由于各国国情存在差别，因此，在与国外相关幼儿教育财政经费投入情况进行比较的同时，更应该关注我国财政性教育经费在不同受教育阶段的分配比例。

我国的幼儿教育属于基础教育，但是非义务教育，因此，幼儿教育获得的财政经费可以尝试与同属于非义务教育的高等学校获得的财政经费进行比较。以 2010 年为例，高等学校获得国家财政性教育经费 2965.3 亿元，约占高等学校收入的 52.7%，学杂费收入约占 30.64%；而同年幼儿园获得的国家财政性教育经费仅占幼儿园收入的 33.56%，家庭缴纳的学杂费约占 52.77%，与高等教育的分担比例呈倒置现象。2010 年高等教育财政经费占国家财政性教育总经费的比例为 20.21%，而幼儿教育财政经费仅占国家财政性教育经费的 1.67%。然而，有关教育收益的研究结果表明，高等教育个人收益率要高于幼儿教育的个人收益。依据教育成本分担的利益获得原则，政府财政投入幼儿教育的经费是否应该高于高等教育财政经费？即使是按照高等教育财政经费与幼儿教育财政经费占国家财政性教育总经费的比例相等来计算，政府拨付给幼儿园的财政经费应占国家财政性教育总经费的 10.94%。各地方政府的幼儿教育财政经费占同级财政教育总经费的比例也应以不低于 10.94% 为标准。

（一）政府分担幼儿教育费用的方式

1. 稳定对教育部门办园的经费投入并规定教育部门办园的服务对象

教育部门办园作为践行我国幼儿教育公益性的主体，理应确保其财政经费的稳定性。本次调查显示，有财政经费支持的教育部门办园中政府分担的经费比例约为 51.54%，教育部门办园中的在编教师比例平均为 55%。小学附设幼儿园虽然归属教育部门管理，经费来源却是自收自支。政府应首先增加财政经费投入这些急需财政支持的教育部门办园，并逐步提升教育部门办园教师的在编人数，将财政经费的分担比例维持在 50% 以上。在短时间内无法解决人员编制问题的情况下，某些地市的幼儿教育经费拨款方式改革值得借鉴。目前公办幼儿园中的教师有 3 种"身份"，即全额拨款事业编制教师、自收自支事业编制教师以及非事业编制的教师，非事业编制教师的比例往往占总数的一半以上。浙江省杭州市上城区实行了公办园编制内外幼儿教师同岗同酬的尝试和探索，制订打破身份界限、按岗定薪的分配方案。公办幼儿园收取的保教费统一上交区财政后，区教育局拨付的幼儿园人员经费根据专任教师、保育员的理论编制数，以人均基数核拨，[①] 为实现公办幼儿园编制内外教师同岗同酬奠定了物质基础。

本次调查显示，教育部门办园中有 41.7% 的家庭支付有选择性教育支出，支出均值为 320.28 元/月，高于其他各类型幼儿园。如果这些幼儿园收取的"捐资助学费"是用于弥补合理的运营成本的，那么，政府严令禁止教育部门办园乱收费后，更应该保证其财政经费的按时足额拨付。因此，首先需要科学核定教育部门办园的教育成本。但是，如果是由于教育部门办园人员冗余、玩教具设备奢华、资源浪费等问题造成的经费不足，政府是不应该承担这部分幼儿教育成本的。

同时，为了充分发挥财政经费的效用并体现财政经费的公益性，政府在加大投入发展教育部门办园时要求其提供能满足大众特别是弱势家庭幼儿需要的基本服务，能够使有限的财政经费起

---

① 张毕波：《浙江省杭州市上城区改革学前教育经费拨付方式，实行公办园教师收入分配制度改革》，《中国教育报》2013 年 6 月 23 日第 1 版。

到"保底"的作用。本次调查显示，教育部门办园中的贫困、低收入家庭比例约占60%，父母亲的职业分布也比较分散，表明目前教育部门办园在招生对象上没有出现明显的特权阶层现象。但是，由于教育部门办园招生一般以幼儿的户口和家庭房产证作为判定入园资格的标准，出现了教育部门办园所辖区域内的一些流动儿童被拒之门外的现象。政府通过规定教育部门办园须招收贫困家庭子女和流动儿童的比例，并且要求教育部门办园对这部分幼儿减免学费，能够逐步增强教育部门办园的公益性。只有首先确保低收入、弱势阶层家庭的子女优先享受到政府财政投入的普惠性学前教育，才能有效地促进社会流动，进而增强社会公平。美国的"提前开端计划"就是通过规定入园幼儿的家庭收入、低收入家庭儿童比例、残疾儿童比例并审查社区资格等方式，保证处境不利儿童参与到政府财政投入的幼儿教育项目中。美国旨在普及3—4岁儿童的入园前早期教育项目（Pre-Kindergarten）以州为主体，虽然各州对项目招生对象的要求不同，但是那些由于财力不足等原因未向所有年满4岁幼儿提供免费教育服务的Pre-K项目，无一例外都是面向处境不利幼儿的。[①] 从政策设计上来看，教育部门办园应该面向社会底层民众，成为他们获得基本质量幼儿教育的保障者，以实现教育部门办园平民化的基准服务定位。

2. 依据公办性质幼儿园的教育成本确定财政经费拨付款项及资金数额

公办性质幼儿园中又可以分为两类，一类是以自收自支为经费来源的街道办园和部分企业办园，一类是拥有较稳定的机关部门及事业单位财政经费的幼儿园。这两类幼儿园都属于公办幼儿园，收费标准实行政府定价。但是从幼儿园的收入来源看，除了

---

① 刘颖：《政府购买学前教育服务的政策研究：理论、国际经验与启示》，硕士学位论文，北京师范大学，2012年，第20页。

家庭缴纳的费用，机关及事业单位幼儿园比街道办园和部分企业办园多了直属单位拨付的财政经费。如果同等级的两类公办性质幼儿园的生均教育成本相等，那么街道办园和企业办园的保教费收入显然不能弥补教育成本的不足。调查显示，街道办园、企业办园中分别有36.6%和13.8%的家庭支付"捐资助学费"，而机关及事业单位办园中也有29.5%的家庭支付"捐资助学费"。要想杜绝这些幼儿园的乱收费行为，同时又保证幼儿园的基本教育质量，必须科学测算这些幼儿园的教育成本。依据幼儿园教育成本来分析政府定价的收费标准能否补偿其教育成本；如果按照当前的标准收费，为了弥补教育成本，政府是否需要增加对这些幼儿园的财政经费投入，并且需详细分析幼儿园迫切需要的是哪部分成本的财政支持。

国家发改委、教育部、财政部于2011年12月31日发布的《幼儿园收费管理暂行办法》明确规定了公办幼儿园和民办幼儿园的保育教育成本项目，其中"公办幼儿园保育教育成本包括教职工工资、津贴、补贴及福利、社会保障支出、公务费、业务费、修缮费等正常办园费用支出。民办幼儿园制定收费标准的具体成本列支项目包括教职工工资、津贴、补贴及福利、社会保障支出、公务费、业务费、修缮费、固定资产折旧费等正常办园费用支出"。结合"教育成本"内涵的相关研究发现，无论是公办幼儿园还是民办幼儿园，其保育教育成本核算均包括人员经费、公用经费、固定资产添置费。与公办幼儿园相比，民办幼儿园的成本还包括固定资产折旧支出。然而，从科学成本核算的"全成本"角度来看，《幼儿园收费管理暂行办法》中的保育教育成本实际上指的是幼儿园的运行成本，而没有将基本建设支出或房租支出包括在内。目前我国的集体办园如改制了的企事业单位办园、街道幼儿园情况比较复杂，在统计口径方面它们属于公办幼儿园，在改制前这类幼儿园作为单位的一个下属部门，其办园场地和园舍由单位无偿提供，不存在土地成本和建筑物租金等支

出。但是，随着幼儿园与原单位剥离成为独立法人，这部分成本均需要通过固定资产折旧的方式来计入成本。而固定资产如何折旧、以什么样的折旧率来计算，还需要进一步的研究与细化。①另一方面，通常情况下幼儿园的办园质量越高，幼儿园的办园成本也就越高。而办园质量通常取决于教师素质、师幼比、课程质量和环境质量四个方面。教师素质可以说是影响幼儿园办园质量的核心要素，同时也是影响幼儿教育成本的决定性因素。教师素质越高，幼儿园需要支付的人员工资往往就越高。调查显示，公办性质幼儿园以差额拨款居多，财政拨款项目以人员经费为主，但是在编教师的比例仅约为42%。在编幼儿教师比例偏低容易导致教师队伍的流动性增强，无法留住高素质的幼儿教师。因此，在科学核定幼儿园教育成本的基础上，政府应依据合理的师幼比来核定公办性质幼儿园的教职工编制数量，逐步将幼儿园教师的工资纳入财政经费系统。另外，政府还应依据幼儿园公用经费的支出情况，按照在园幼儿数目拨付生均公用经费。

3. 直接与间接资助相结合补贴普惠性民办幼儿园

政府主导幼儿教育发展并不意味着政府包办，政府还必须充分调动社会力量参与办园。在幼儿教育经费有限、幼儿教育成本分担机制尚未建立、监督监管制度仍不完善的条件下，完全依赖国家的财政投入依然难以解决低收入家庭的幼儿教育负担过重问题。因此，依靠社会力量，建立政府投入为主导，家庭、企业和社会团体共同负担幼儿教育费用的机制显得尤为迫切。但是，在民办幼儿园完全依靠家庭缴费而没有任何政府财政投入和其他社会资助的情况下，实现"普惠性"的"低价位"幼儿园是非常困难的。另一方面，在当前幼儿教育资源供求失衡的状况下，民办幼儿园的举办者在教育市场中拥有更多的定价权。

---

① 王海英：《学前教育成本内涵、直接成本核算要素及其影响因素探析》，《幼儿教育》（教育科学版）2013年第6期。

　　虽然民办幼儿园实行"办园经费自筹"的资金筹措形式，但是在幼儿园的发展过程中，并不意味着政府无须给予必要的财政补贴，而是要通过制定相应的资助政策来激励民间资本举办普惠性民办幼儿园。政府财政资助民办幼儿园能够在财政经费投入相对较少的情况下，较短时期内实现普及幼儿教育的目标。另外，通过财政资助减轻民办幼儿园的财政压力，能够促使幼儿园将注意力集中到提高保育和教学质量上。而且，财政资助有助于适当降低民办幼儿园的收费标准，体现幼儿教育的公平性和幼儿园教育的大众化，进而达到减轻幼儿家庭教育支出负担的目的。通过制定可获得财政资助的民办幼儿园的申请标准，有利于政府加强对民办幼儿园的各项管理，促进民办幼儿教育市场的规范化和可持续发展。因此，政府向民办幼儿园提供财政资助是十分必要的，同时也是普遍提高幼儿园教育质量的有效手段。仅仅依靠学费资金来求得民办幼儿园的发展，只能使其发展的道路越走越窄，并且会愈加增大普通民众的幼儿教育支出负担。由于我国财政投入幼儿园的体制具有"路径依赖性"，短时期内改变政府的财政投入偏好、使政府直接拿出大笔资金来资助民办幼儿园是较为困难的。但是，政府可以通过直接资助、间接资助和重点扶持相结合的资助政策加大对民办幼儿园的财政支持力度。

　　《国务院关于当前发展学前教育的若干意见》中提出"采取政府购买服务、减免租金、以奖代补、派驻公办教师等方式引导和支持民办幼儿园提供普惠性服务"，以多种形式扩大学前教育资源。政府的购买服务多是用现金或代币券的形式向民办幼儿园拨付财政经费。例如，郑州市给予依法设立、执行同等级公立幼儿园收费标准、招收本行政区户籍适龄儿童的民办幼儿园一定比例的生均公用经费补贴。政府以向普惠性民办幼儿园购买服务的方式为社会公众提供幼儿教育正逐渐成为我国幼儿教育发展的一种趋势。政府购买教育服务的政策体现了促进教育均衡发展、实现教育公平、提高教育服务供给效率和服务质量等多重价值标准。从经济学的角度来说，教育服务就是教育产品，是教育部门和教育单位所提供的产品。[①] 政府通过购买教育服务，在教育服务供给中实现了"生产者"与"提供者"的分离，政府与社会组织之间是一种以"契约"为基础的商品交换关系。[②] 政府将原来直接举办的幼儿园教育交由有资质的社会组织来完成，通过与各类社会组织签订契约、对社会组织所提供的教育服务进行评估、利用财政经费支付幼儿园的部分服务费用，能够实现政府财政投入效力的最大化，并且达到向社会公众提供优质、高效、可选择的教育服务的目的，是一种"政府承担、定向委托、合同管理、评估兑现"的新型方式。[③] 然而，和很多发达国家丰富的购买内容相比，我国政府购买学前教育服务的内容还显得过于单一，有些规定在实践中尚缺乏可操作性。由于参与的社会组织较少，因而也无法形成竞争购买的方式。

对于民办幼儿园来说，房租和教师工资是最大的两笔开支。许多民办幼儿园调高收费标准的一个很重要的原因就是房租的日益高涨。从政府购买教育服务的内容来看，除了可以购买学位，还可以购买管理。政府可以在完成幼儿园的基础建设之后，以契约的方式来委托社会组织管理幼儿园，减免其房租并给予一定的政策扶持，以实现政府服务社会公众的职能。例如，河南省实施的"公建民营"办园模式是由政府无偿划拨土地，按照国家幼儿园建设标准出资兴建，然后委托具有办园资质的社会团体、社会机构或个人管理运营，具有公益性和普惠性。"公

① 厉以宁：《关于教育产业化的几个问题》，《北京成人教育》1999年第7期。
② 周翠萍：《政府购买教育服务的内涵、类型与展望》，《全球教育展望》2010年第8期。
③ 王善安：《关于我国政府购买学前教育服务的思考》，《早期教育》（教科研版）2012年第2期。

建民营"幼儿园享受国家规定的税收优惠政策；教职工在资格认定、职称评定、表彰奖励、教龄及工龄计算方面与公办幼儿园教职工享有同等待遇；在园幼儿与公办幼儿园幼儿享有同等权利、享受同等政策。[①] 购买学位是政府为了解决公办园学位不足的问题，向民办幼儿园购买"公共"幼儿的教育位置。对于正在服务于公众的普惠性民办幼儿园，政府可以通过减免租赁方税收的形式鼓励其减少民办幼儿园的租金。以减免租金的形式间接资助民办幼儿园是当前减轻民办幼儿园办园成本的一种有效方式。

师资水平是影响幼儿园教育质量的关键因素。政府资助民办幼儿园的重点应该是提高民办幼儿园教师的质量、稳定幼儿教师队伍，主要可以采用加强民办幼儿教师培训和财政补贴民办幼儿教师工资两种形式。以下是郑州市某幼儿教师培训机构的培训情况：2011—2012 年该机构共开展了 28 次幼儿教师国家培训项目，主要包括转岗教师培训、保健员培训、保育员培训、保教主任培训、业务园长培训、民办园园长培训、骨干教师培训、教师专业技能培训等。机构共获得财政拨款 1407.1 万元，培训各类幼儿教师累计 7809 人，其中参与培训的公办幼儿园教师人数为 2934 人，民办幼儿园教师人数为 4324 人。由此可见，政府正在逐渐加强对民办幼儿教师的专业培训。关于财政补贴民办幼儿园教师工资的政策有：郑州市提出制定民办幼儿教师合同制编制改革方案，对做出杰出贡献的民办幼儿教师提供事业编制。深圳市对于长期（3 年以上，包含 3 年）在幼儿园工作的保教人员（在编人员除外）依据其连续从教年限给予长期从教津贴。

---

① 河南省教育厅、河南省发展和改革委员会：《关于印发〈河南省学前教育"公建民营"办园模式幼儿园管理办法（试行）〉的通知》，http://www.pdsedu.gov.cn/show.asp? xs_ id = 10019680。

无论是直接拨付生均公用经费、减免租金间接补贴还是重点保障民办幼儿园教师质量，这些资助方式都需要有科学的政策规定其实施的程序与过程，只有制度性的政策才能使各种资助方式充分发挥长效作用。以购买服务为例，政府在签订契约时，首先要对民办幼儿园的资质、教育质量和教育评估标准做出明确的规定。民办幼儿园必须符合注册标准，并且收费标准必须与同等级公办幼儿园的收费一致；幼儿园必须接受年检和质量监测；必须建立预决算制度，实行财务公开，接受社会监督和财务审计等。民办幼儿园要想成为政府委托举办的"普惠性"幼儿园，其前提是要朝着非营利的方向发展，降低自身的营利需求。承认举办者的营利需求，保证一定的盈利比例，是当前符合现实需求的客观要求。但作为发挥"普惠性"作用的委托办园，举办者的营利必须被控制在微利水平，而不是目前普遍存在的"暴利"水平。举办者对幼儿园财务收支的控制权过大，幼儿园所需的发展性经费需求很难得到满足，诸如图书和玩教具的购置、设施设备维护方面的日常支出偏少。因此，规范幼儿园财务管理，引导举办者增加办学经费投入，科学制定幼儿园用于教育教学支出占总收入的比例，是实现"普惠性"民办幼儿园所必须加强的内容，有利于民办幼儿园的举办者将更多的资金用于教师和幼儿身上。其次，政府还应明确规定经费拨付方式及资金数额，建立多元监督机制。从理论上来说，政府与托管方（民办幼儿园）是一种以委托管理合同为基础的平等的民事法律关系。然而在实践操作过程中，面对教育行政部门的强势地位，如果委托管理的相关法规制度不健全，民办幼儿园将很难在委托管理过程中享有合法权益。政府购买幼儿教育服务的监督机制可以分为政府内部监督和专业第三方监督两种形式。政府内部监督是指建立问责制，各相关职能部门要清楚资金的流向、政策实施的进展以及服务质量等内容。如果缺乏问责制度，政策的执行将只能依赖政令的畅通。第三方监督主要是指通过社会中介组织（例如会计事务所、审计事务所等）、社会公众以及媒体对此项政策的实施加以监督。[1]
通常第三方是能够保持客观性、公正性和专业性的。此外，实施
政府购买幼儿教育服务的进程应该是渐进式的，我国部分地区已
经设立了试点幼儿园。接下来需要在实践过程中不断地总结相关
经验，完善政府购买幼儿教育服务的政策与制度设计，进而上升
到法律层面。政府购买教育服务通常在发达国家属于"政府采购
法"中规定的内容。而我国政府于 2002 年颁布的《政府采购
法》中并未包括服务购买，也没有细化至教育服务购买范畴。因
此，以法律法规的形式规定教育购买主体、购买对象、购买资金
来源、合同管理与监督机制等内容，能够使政府购买幼儿教育服
务的政策有法可依、有章可循。

4. 加强面向弱势群体家庭的需求方财政资助

弱势群体是相对于强势群体而言的，是社会弱势群体（so-
cial vulnerable groups）的简称，指在政治、经济、文化、体能、
智能和处境等方面处于相对不利地位的一部分人群。[2] 有学者提
出，"教育中的弱势群体通常是指处于家庭经济不利地位的贫困
家庭学生、身体或智力不利的肢体障碍学生和智力障碍学生，处
于与主流文化相对不利地位的少数民族学生，与我国特有的户籍
制度相关联的流动人口子女以及所谓的以违法犯罪学生为代表的
反社会学生等"。[3] 这些教育中的弱势群体的核心特点是缺乏获
得和支配教育资源的能力，在与其他社会成员在满足自身教育利
益的竞争中处于不利地位。他们的社会地位和收入水平决定了他
们很难通过市场获得质量合格但收费较高的幼儿园教育服务。我

---

① 苏明、贾喜津：《中国政府购买公共服务研究》，《财政研究》2010
年第 1 期。

② 谭友坤、卢清：《试论弱势群体的早期教育政策支持》，《内蒙古师
范大学学报》（教育科学版）2006 年第 19 卷第 2 期。

③ 傅金兰、滕聿峰：《终身教育对弱势群体的公平性补偿》，《成人教
育》2004 年第 7 期。

国当前的学前教育市场并非是一个完全竞争的市场，而是一个层级分化的市场。[①] 处于这个市场顶端的是服务于城市中上阶层家庭的学前教育市场，这个市场的特点是家庭对学前教育的价格不敏感，但对幼儿园的声誉有强烈要求，这部分家长希望将自己的孩子送到声誉最好的幼儿园，从小接受最优质的教育。而处于这个市场低端的则是服务于城市中下阶层或农村家庭的学前教育市场，这个市场的特点是消费者对学前教育的价格非常敏感，但对学前教育质量则比较忽视，并会出现劣币驱逐良币的现象。低端市场的幼儿教育机构往往规模小、数量大，以牺牲质量为代价的恶性价格竞争非常普遍，其结果必然是导致幼儿园办园条件差、师资水平低、克扣幼儿伙食等现象的发生，严重影响幼儿的身心健康，同时也隐藏着各种危机。[②] 如果政府制定的幼儿教育政策不向弱势群体倾斜，就很可能意味着这些弱势群体家庭的子女无法接受有基本质量保证的幼儿园教育，也无法通过接受教育来阻断贫困的代际循环。在教育资源不足的情况下，确定有限的幼儿教育财政经费分配的优先顺序、将幼儿教育资源配置给最需要政府帮助的社会群体，是整个社会福利最大化的要求，也符合补偿性公平原则。在当今我国社会经济文化发展的历史条件下，在贫富差距不断增大的情况下，对经济困难家庭的幼儿入园给予补助能够通过"二次分配"的方式化解社会矛盾，最大程度地体现教育公平。任何政策的制定都不可能使所有人受益，我们现在需要做的是将幼儿教育财政经费投入政策的立场转移到弱势群体一方，使他们能从政策的倾斜中真正受益。[③] 幼儿教育财政资金的

---

① 曾晓东：《供需现状与中国幼儿教育事业发展方向——对我国幼儿教育事业的经济学分析》，《学前教育研究》2005 年第 1 期。

② 丁秀棠：《"普惠性"目标定位下民办学前教育的现状与发展》，《学前教育研究》2013 年第 3 期。

③ 朱家雄：《当今我国学前教育事业发展面临的主要问题及政策导向（三）》，《幼儿教育》（教育科学版）2012 年第 7、8 期。

分配应更加倾向于"雪中送炭",将有限的资金用于加大对弱势群体的补助,确保幼儿园教育服务的普遍惠及和共同享有。据教育部提供的数据显示,"学前教育三年行动计划"期间的学前教育资助累计投入 36 亿元,资助家庭经济困难幼儿超过 400 万次。[①]

　　国际上很多国家拥有较为完善的家庭资助制度,为了提高家庭支付幼儿教育机构费用的能力,往往面向家庭发放幼儿教育津贴。多数国家采用"滑动尺"的方法计算补助给家庭的费用金额。虽然有些国家的所有家庭都能获得一定数量的财政补贴,但是家庭收入越高、获得的补助越少是各国财政补助的共同点。例如,澳大利亚的贫困家庭能够获得儿童保育费用 100% 的补助,而当家庭收入超过贫困线 130% 以后,补助水平将随着家庭收入的增加而降低,平均每个家庭能够获得儿童保育费用 15% 的补助。荷兰的贫困家庭能够获得儿童保育费用 96.5% 的补助,随着家庭收入的提高,幼儿教育券的补助金额逐渐下降,平均每个家庭能够获得相当于保育费用 33% 的补助。[②] 詹克斯提出的"补偿教育券模式",更是从保障处境不利群体的利益出发,在普遍发放教育券的情况下给予低收入或有特殊需要的家庭额外补助。从成本的角度考虑,面向弱势群体的补偿式幼儿教育券规模相对较小,能够更加集中公共经费以保证幼儿教育财政支持的力度与效果,从而体现教育公平中的补偿性原则。因此,在我国幼儿教育财政经费有限的情况下,依据家庭收入水平设定多层次的补贴标准,制定低收入家庭标准并建立低收入家庭档案,重点将财政补贴以直接发放教育券或现金的形式用于帮助困难家庭的幼儿将

---

　　① 吴晶:《教育部:学前教育三年行动计划各项目标任务完成》,2014 年 2 月,新华网,http://www.jyb.cn/china/gnxw。

　　② Warner M. E., Gradus R., "The Consequences of Implementing a Child Care Voucher Scheme: Evidence from Australia, the Netherlands and the USA", *Social Policy & Administration*, 2011, 45 (5): 569–592.

更能发挥财政经费的效力。另外，可以制定幼儿教育分税减免政策，依据家庭缴纳个人所得税金额的多少划分为若干等级对幼儿园学费进行减免，采取积极歧视的原则对缴纳税收越少的家庭减免越多的学费，以达到资助贫困、低收入家庭幼儿入园的目的。①

（二）规范经费投入的长效监管制度

影响我国幼儿教育发展的核心问题是长期缺乏财政经费投入，并且经费投入缺乏制度保障。在各地"学前教育三年行动计划（2011—2013年）"的政策文本中，较多地强调了政府的财政投入金额，却很少提及对财政资金的监管与审计规定。在中央和各级地方政府加大幼儿教育财政经费投入的情况下，如何使幼儿教育财政经费投入制度化并得到科学的监管是当前和今后发展幼儿教育事业的重点。政府不仅要保障幼儿教育经费的投入，更应确保投入的财政经费发挥最大的效益。这就需要政府明确财政投入的目的和方式，考察财政经费的受益人群，监控投入的过程并评估其结果。因此，必须制定更加具体的财政投入细则来确保政策实施方向不致偏离。

编制预算是教育经费管理工作的基础，是幼儿教育财政投入顺利实现的前提。要加强阶段性发展规划、年度行动计划和年度预算决算之间的联系，通过对年度预算决算执行情况进行监督，督促各级政府切实履行各项财政投入政策中对发展幼儿教育作出的承诺，尽可能地将临时性的项目投入转变为制度化投入，保障各项经费投入的持续有效性。美国、英国、印度等国家均以立法或颁布政策文件的形式建立了完整规范的财政投入预算制度，通过严格精确的程序编制幼儿教育财政经费预算，以保障经费投入的稳定性和科学性。印度的相关法律及政策对"儿童综合发展服

① 吴遵民：《对当前我国重大教育政策问题的若干研究与思考》，《杭州师范大学学报》（社会科学版）2010年第6期。

务计划"的拨款有着详细规定，并且政府每年还会对此项目的财政预算进一步细化。预算条目包括用于日常机构运转的常规性项目预算，以及用于基础设施建设、设备与家具购置和更新等非常规项目预算，以确保项目的正常运作和进一步拓展。[①] 我国"学前教育三年行动计划（2011—2013 年）"中已有多个地区提出财政性学前教育经费在同级财政性教育经费中所占的具体比例。例如，安徽省提出 2013 年财政性学前教育经费占同级财政性教育经费中的比例要达到 7.9%，浙江省、辽宁省、河北省提出全省财政性学前教育经费占财政性教育经费的比例分别为 5%、4% 和 2.5%。在市区层面，浙江省杭州市、宁波市的多数县（市、区）政府提出各区学前教育事业费要达到同级教育事业费的 8% 以上，县（市）达到 5% 以上。深圳市规划到 2015 年，学前教育财政投入占财政性教育经费的比例达到 5% 以上。重庆市涪陵区从 2011 年起，参照小学阶段生均公用经费的定额标准落实公办幼儿园的公用经费，按照不少于义务教育基本建设专项经费 20% 的比例增加学前教育专项经费的拨款，确保每年学前教育财政性生均事业拨款不低于小学阶段的标准并逐年提高。

　　无论是面向供给方的财政投入还是面向需求方的财政资助，都应该建立完善的经费使用监管制度，通过追踪资金的使用情况，保证财政经费使用的合法性和合理性，确保财政经费真正惠及广大公众。美国对于"提前开端计划"的委托机构进行财务监管，明确规定公共资金的用途和不同用途资金所占的比例，要求这些受委托机构实行年度财务预算、审计、核查制度并建立信息公开机制，以保证公共资金使用的透明度。经费监管机制的确立，一方面可以防止地方政府将幼儿教育专项资金挪作他用，或者是地方政府随意减少幼儿教育的经费投入，更重要的是可以提

---

　　① 齐晓恬：《美、英、印三国学前教育财政投入的保障机制特点分析》，《河北师范大学学报》（教育科学版）2012 年第 6 期。

高财政专项资金的利用效率。美国联邦政府对公共教育经费投入的监管方法具体包括投入导向监管（input-based approach）和产出导向监管，即结果问责制（test-based accountability），运用成本效应等方法对财政投入资金进行绩效评价，并将结果反馈于下一年度教育经费分配总额和分配方向的确定。① 我国《国家中长期教育改革和发展规划纲要（2010—2020 年)》第五十八条强调"加强经费使用监督"，为了落实《纲要》关于完善教育经费监管职能的要求，教育部于 2010 年设立了教育部经费监管事务中心，承办教育专项经费项目预算的前期论证、评估评审及绩效评价等具体工作，承办经费监管相关信息化建设工作和财务数据统计、汇总、分析工作。② 设立教育经费监管的专职机构在共和国成立之后还是首次，它具有层次高、专业性强、监管力度大等特点，显示出政府对加强教育经费监管的决心。紧接着，2012 年 2月由财政部颁布的新的《事业单位财务规则》（财政部令第 68号）专门增加了"财务监督"一章。具体到幼儿教育方面，在《关于加大财政投入支持学前教育发展的通知》中提出建立信息管理系统、制定幼儿园财务管理制度和幼儿园资产管理制度，对公办幼儿园和接受政府经常性资助的普惠性民办幼儿园建立预决算制度，实行财务公开并定期公开幼儿园师资、入园幼儿数和经费收支情况，接受社会监督。建立健全幼儿园内部监督机制，加强公办、民办幼儿园的财政透明度，能够更加科学地管理教育经费的使用情况，同时也是加强财政监督的有效手段。

经费管理的手段一般有经济手段、行政手段和法律手段三种。经济手段是指按照客观经济规律的要求，利用价格、利润、

---

① 王水娟、柏檀：《学前教育财政投入的效率问题与政府责任》，《教育与经济》2012 年第 3 期。

② 《教育部关于设立教育部经费监管事务中心的通知》，http：// www.gov.cn/gzdt/2010 - 11/02/content_ 1735843.htm。

税收、市场进入和退出条件、补贴等各种经济杠杆，通过对被管理对象经济利益的调整、控制、约束，以达到财政管理的目标。财政管理的行政手段是依赖行政力量，采用命令、指示、规定、指令性计划等方式，对资金分配活动实施管理。财政管理的法律手段是指为了保证财政职能的实现而进行的财政立法、财政执法、财政执法监督以及财政法制宣传等一系列管理活动。① 相比较而言，幼儿教育经费监控的重点在于运用行政手段和法律手段。行政手段具有直接、快速、强制性的特点，自上而下呈垂直性，主要通过行政系统上下级隶属关系的强制力量维持。法律手段对政策主体具有普遍约束力和强制力。当前，我国幼儿教育经费的监控手段主要以行政手段为主。2012 年 2 月，为了进一步推动各地"学前教育三年行动计划"的实施，教育部制定并印发了《学前教育督导评估暂行办法》，其中有关经费投入的二级指标有三点：一是"将学前教育经费列入财政预算，切实加大学前教育投入力度，向边远贫困地区和少数民族地区倾斜；新增教育经费要向学前教育倾斜；财政性学前教育经费在同级财政性教育经费中要占合理比例，并且近三年有明显提高；确保发展学前教育工程（项目）投入"；二是"建立政府投入、社会举办者投入、家庭合理负担的投入机制；研究制定公办幼儿园生均经费标准和生均财政拨款标准，并能及时拨付到位"；三是"制定支持学前教育的优惠政策，鼓励社会力量办园和捐资助园；建立学前教育资助制度，发展残疾儿童学前康复教育；国家支持学前教育发展的项目经费使用规范、合理"。② 但是由于行政手段的约束力较弱，而且大多缺少明确的违规处罚措施，容易导致许多实质

---

① 王蓉、岳昌君、李文利：《努力构筑我国公共教育财政体制（下）》，《北京大学教育评论》2003 年第 3 期。

② 《教育部印发〈学前教育督导评估暂行办法〉》，http：//www. gov. cn/gzdt/2012 - 03/07/content_ 2085962. htm。

性政策成为了符号性政策，使本来有着明确具体的行为规范、同时有着严密组织程序辅助执行的政策，成为一种号召或舆论，政策对象不一定会实质性地执行。[①] 当实质性政策转化为符号性政策而得不到执行时，经费监管政策的效力便会丧失。由于没有相应的"幼儿教育经费投入法"或"教育经费投入法"的法律手段约束，我国许多经费投入政策缺乏相应的法律处罚措施，仅依靠行政命令下达，手段较为单一。幼儿教育经费财政监管必须纳入法制化管理才能真正维护国家教育经费政策的权威性，确保财政性教育经费投入政策的落实。

国外普遍运用法律手段来调控幼儿教育投资。将幼儿教育财政经费的投入金额、投入方式等以法律的形式给予明确规定，能够更加有效地保证资金的长效投入与正确使用。虽然在财政拨款和项目实施过程中也不可避免地出现了一些资金滥用和管理不善的问题，但是美国联邦政府注意及时通过进一步修订和完善相关法律来克服拨款、实际使用或项目实施过程中出现的问题。例如，由于在"提前开端计划"的实施过程中出现了资金管理不善和滥用的问题，美国国会在2005年提出的《提前开端法案》最新修正案——《入学准备法案》中便针对该问题进行了重新修订。总体来说，美国联邦政府以立法的形式对幼儿教育的财政经费投入作了明确规定和规范，在很大程度上满足了幼儿教育发展的财政需求，并且根据实际情况不断修订和完善相关法律规定，在一定程度上避免了资金的滥用、挪用和不合理的侵占，这一点很值得我们借鉴。此外，美国联邦一级的立法一般比较抽象和具有原则性，有时只是规定联邦政府财政拨款的数额和经费使用的最高限额，以及经费使用想要达到的目的等，具体实施细则则由各州参照要求制定并落实。这样做既通过法定拨款加强了联

[①]　王骚：《政策原理与政策分析》，天津大学出版社2003年版，第24页。

邦政府的指导与监控职能，充分发挥了联邦政府在幼儿教育发展中的导向作用并提供了强有力的财政保障，同时又赋予地方政府适当的权力，激发各州与地方性幼儿教育机构的积极性，兼具一定的灵活性。中国香港特区政府也先后制订了《非牟利幼稚园租金发还计划》（2004年）、《幼稚园及幼儿中心资助计划》（2005年）、《学前教育学券》（2007年）、《幼儿中心资助计划》（2008年）等一系列配套政策，对幼儿教育财政投入的主体、投入方式、资助对象范围、资助条件和经费分配等问题做出了明确规定，有效保障并规范了幼儿教育的财政投入。

二　确定家庭分担幼儿教育费用的比例

本次调查中问及"如果在条件允许的情况下，您是否愿意支付更多的费用以便让孩子上更好的幼儿园"，73.5%的家庭选择愿意支付更多费用，显示出我国3—6岁儿童家庭对于幼儿园教育具有较高的需求意愿和支付意愿。从我国的传统文化来看，家庭对子女的教育期望及教育责任感一直很强，"望子成龙、望女成凤"更是所有当代独生子女家庭的期望。但是，仅有幼儿园教育费用分担的意愿和责任是不够的，家庭经济条件的可负担性才是关键。保证幼儿教育公平公正、真正普遍惠及每一个儿童，需要充分考虑幼儿家庭的"可接受性"。家庭分担幼儿园教育费用的比例应与幼儿家庭的经济状况相联系。通过对我国幼儿家庭的园内教育支出负担调查显示，2010—2011年样本家庭支付的幼儿园费用约占家庭收入的12%—27%，其中月收入低于3000元的家庭支出负担最高。家庭可接受的幼儿园费用占家庭收入的比例为8%—15%。依据教育成本分担的能力支付原则，家庭分担幼儿教育费用的比例也应以家庭的收入情况作为判定标准。

从世界范围来看，美国贫困家庭支付幼儿看护的费用约占家庭收入的18%，其他收入水平家庭用于幼儿教育的费用约占家庭收入的7%。法国只有一个孩子的家庭支付幼儿教育的费用占家庭收入的上限为 12%。澳大利亚实施"儿童看护津贴"政策之后，低收入家庭支付的幼儿看护费用普遍低于家庭收入的10%。澳大利亚非政府组织认为幼儿教育机构的收费标准应该大约是家庭可支配收入的 5%—6%，较为公平的收费方式是，低收入家庭为幼儿教育机构支付的实际金额占家庭收入的比例应与高收入家庭相似。如果将家庭分担幼儿园费用的比例与家庭经济情况相联系，就需要找到一些评估和确定家庭经济状况的方法。在一些严格依赖所得税收入的国家中，已经建立了一套完整的税收制度测定各种收入的来源，家庭的经济状况可以从经过确认的应税收入中推断出来。[1] 因此，我国急需建立较为严密的所得税制度，以家庭收入为依据确定更为科学的幼儿园收费标准。目前，还有研究者提出可以为家庭的教育支出安排税前扣除额度，从而实现国家对纳税家庭的教育支出实行免税政策。"从传统意义上来说，国家层面的教育经费支出是国家财政收入的再次分配，需要经过收税和分配两道环节，而将教育支出直接在个人所得税前扣除，减少了分配环节，降低了行政成本。"[2] 而在目前无法确切了解每位幼儿家庭真实经济情况的条件下，与学费相配套的财政资助政策就显得更加重要。政府可以采用多种资助方式，例如减免学费、补贴伙食费等措施，面向不同幼儿群体给予不同形式、不同资金数额的资助，基本保障贫困家庭支付给幼儿园的实际费用不超过家庭收入的 15%。

三　制定社会捐赠幼儿教育的优惠政策

社会捐赠在国际上称为"第二次收入分配"，是人们自觉自

---

① 唐祥来:《高等教育成本分担的公共经济学分析》，博士学位论文，厦门大学，2006 年，第 62 页。

② 顾意亮:《为家庭教育支出安排税前扣除额度》，《人民政协报》2013 年 3 月 22 日第 A03 版。

愿地将有价值的东西给予他人的一种形式。作为调节贫富差距的平衡器，它有利于优化资源配置、公平收入分配，进而促进社会和谐。因此，社会捐赠的影响是广泛的，其发挥的作用也是单靠市场调节和政府调节所无法取代的。教育捐赠作为一种重要的教育经费筹资方式，有利于减轻教育对公共经费的过度依赖，缓解学生和家庭的经济压力，促进教育经费筹措的多元化。在我国，社会捐赠在幼儿教育经费来源中的比例很低，以2011年为例，社会捐赠幼儿教育的经费约为 5.02 亿元，仅占幼儿教育总经费的 0.49%。造成我国教育捐赠规模小、资金比例低的一个重要原因是缺乏科学的资助制度，激励政策不完善。因此，要想提高社会分担幼儿教育费用的比例，扩大幼儿教育机构的社会捐赠收入，就需要制定幼儿教育捐赠的优惠政策。

　　社会捐赠的主体包括公民个人或企业。在各国鼓励社会捐赠的手段中，多以税收作为政府调控的重要工具。税收激励包括税种的设置、税率的设定、计税依据的确立、税式支出政策的实施等多种方式，通过影响捐赠的价格和捐赠者的收入对捐赠产生影响。就税种设置而言，可以通过公司所得税、个人所得税和遗产税等，直接或间接作用于企业或个人的收入来鼓励捐赠；就税率而言，可以通过扣除比率高低的设计来影响个人或企业捐赠的价格；就计税依据而言，可以通过对不同流向或不同捐赠形式是否免税来调节社会捐赠的结构；就税式支出政策而言，可以通过税前扣除、税前抵免等方式促进捐赠数量及不同类型捐赠的增加。[①] 我国关于企业捐赠的税收抵免规定体现在《中华人民共和国企业所得税法》（2007）的第九条，"企业发生的公益性捐赠支出，在年度利润总额 12% 以内的部分，准予在计算应纳税所

---

　　① 郭健：《社会捐赠及其税收激励研究》，博士学位论文，山东大学，2008 年，第 51、52 页。

得额时扣除"。在个人捐赠方面，《中华人民共和国个人所得税法实施条例》（2011）第二十四条规定，"个人将其所得对教育事业和其他公益事业的捐赠，是指个人将其所得通过中国境内的社会团体、国家机关向教育和其他社会公益事业以及遭受严重自然灾害地区、贫困地区的捐赠"，"捐赠额未超过纳税义务人申报的应纳税所得额30%的部分，可以从其应纳税所得额中扣除"。现有税收减免政策中有两点值得注意和完善：一是在捐赠程序方面，企业及个人必须通过非营利性社会团体或国家机关进行教育捐赠，直接向单位或个人捐赠不能享受减免税收的优惠。虽然我国个别文件规定企业和个人直接对个别具体对象，如科研机构、高等院校和一些基金会进行捐赠，可享受税收减免政策。但是，具体哪些机构或院校符合资格须经相关文件批准，且不同的受赠对象所享受到的税收减免额度不同。这就使得捐赠者很难清楚了解税收优惠政策的具体内容和捐赠程序。二是在捐赠财物数额方面，如果个人捐赠额为其收入的30%以内，企业捐赠额为其税前利润的12%以内，所捐赠财物免税，但如果大于该限定时，只能享受限定比例内捐赠财物的减免税优惠。这就意味着捐赠者所捐赠财物并不能全部享受税前优惠。①

从幼儿园自身来说，应在注意提高教育质量和管理状况、提高幼儿及其家长满意度的前提下，充分利用教育基金会等组织进行筹资融资，并严格规范幼儿教育捐赠资金的使用情况。首先，要规范捐赠手段：幼儿园内部必须建立专门的筹资机构，由专职人员负责，有组织、有计划、有领导地开展筹资活动。其次，要拓宽募捐范围和对象：在范围上可以不拘泥于省内，有条件的幼儿园可以面向全国，乃至全世界；在对象上可以是个人、社会团

---

① 方芳：《我国教育捐赠制度的局限及其改进》，《教育发展研究》2010年第13—14期。

体以及基金会。再次，鼓励捐赠形式多样化，例如现金捐赠、证券捐赠、信托捐赠和实物捐赠等均可。最后，要建立捐赠资金使用的规范制度，适时向捐赠单位和个人汇报资金的使用情况。

结　语

　　本书基于幼儿教育的公益性和准公共产品属性，分析了各国政府分担幼儿教育费用的特点和方式，并梳理了我国政府财政投入幼儿教育政策的历史发展。自由主义国家，如美国、加拿大和澳大利亚等国在幼儿教育费用分担方面是由政府和家庭并举，家庭发挥的作用更大；英国、法国等西欧国家的幼儿教育费用分担具有混合特征，但是政府作为主要的费用承担者；丹麦、瑞典和挪威等北欧社会民主主义国家更强调政府对幼儿教育的公共供给。各国政府通过财政投入公办幼儿教育机构、财政资助私立幼儿教育机构、财政补贴弱势群体等方式保障幼儿教育财政经费的公平分配，致力于提高幼儿家庭的支付能力，并且以法规政策的形式将幼儿教育财政投入制度化。中华人民共和国成立之后，我国幼儿教育费用分担政策大致经历了四个阶段：单位福利体系下的幼儿教育财政经费投入、既有体系下的财政经费投入、幼儿教育市场化背景下的费用分担以及公平取向下的幼儿教育财政经费分配尝试。

　　通过实证调查 2010—2011 年政府分担幼儿教育费用及家庭支付幼儿园费用负担的状况，得出的结论主要有以下两点：第一，我国财政性幼儿教育经费主要投向了部分公办幼儿园，民办幼儿园未能获得财政经费。政府分担各类型幼儿园经费的比例均值为 28%。即使是获得财政经费的幼儿园，政府分担的经费比例均值也仅为 49.16%。第二，民办幼儿园收取的保教费用和教育部门办园、机关及事业单位办园的"捐资助学费"是部分家庭支付较高幼儿园费用的原因。公办性质幼儿园（如街道办园、企业办园）和民办园中的贫困、低收入家庭的教育支出负担更重。家庭收入情况、城市发展程度、幼儿园类型、母亲学历、家长的教育期望等因素影响着家庭的园内教育支出水平和家庭的支出负担。

各地"学前教育三年行动计划（2011—2013 年）"中有关政府财政投入幼儿教育的方式主要包括面向教育供给方（幼儿园）和面向教育需求方（幼儿及其家庭）两种。政府通过新建公办幼儿园、以专项经费的形式资助各种类型的幼儿园、向幼儿园"购买学位"、发放幼儿教育券、补助困难家庭幼儿入园等措施，致力于增加幼儿园的学位数量，逐步提升公办性质幼儿园的质量和公益性，规制民办幼儿园收费，部分减轻了困难家庭的幼儿园教育支出负担。

基于上述实证调查与政策分析，本书提出幼儿教育财政经费应不低于同级财政性教育总经费的 10.94%；家庭分担幼儿教育费用比例的确定应以家庭收入为依据，结合各种资助政策保障贫困家庭支付给幼儿园的实际费用不应超过家庭收入的 15%。政府分担幼儿教育费用的方式应在以下四个方面有所改善：在财政经费稳定投入教育部门办园的基础上规定其服务的对象；依据公办性质幼儿园的教育成本确定财政经费拨付款项与资金数额；采用直接与间接相结合的资助方式补贴普惠性民办幼儿园；加强面向弱势群体家庭的需求方财政资助。最后，政府在加大财政投入幼儿园教育的同时，应制定并规范经费投入的长效监管制度。

参考资料

一　著作

1. 芭芭拉·鲍曼等:《渴望学习》,吴亦东等译,南京师范大学出版社 2005 年版。

2. 蔡迎旗:《幼儿教育财政投入与政策》,教育科学出版社 2007 年版。

3. 陈晓宇:《中国教育财政政策研究》,北京大学出版社 2012 年版。

4. 成有信、张斌贤、劳凯声等:《教育政治学》,江苏教育出版社 2000 年版。

5. 杜成宪、单中惠:《幼儿教育思想史》,人民教育出版社 2008 年版。

6. 米尔顿·弗里德曼:《资本主义与自由》,张瑞玉译,商务印书馆 1986 年版。

7. 甘国华:《高等教育成本分担研究——基于准公共产品理论分析框架》,上海财经大学出版社 2007 年版。

8. 顾明远:《教育大辞典》,上海教育出版社 1998 年版。

9. 顾明远、项贤明:《教育政策基础》,教育科学出版社 2003 年版。

10. 赫梅尔:《今日的教育为了明日的世界》,王静、赵穗生译,中国对外翻译出版公司 1983 年版。

11. 靳希斌：《教育经济学》，人民教育出版社 2001 年版。

12. 李方：《现代教育研究方法》，广东高等教育出版社 2007
　　年版。

13. 李永连、李秀英：《当代日本幼儿教育》，山西教育出版社
　　1997 年版。

14. 刘复兴：《教育政策的价值分析》，教育科学出版社 2003
　　年版。

15. 闵维方：《教育投入、资源配置与人力资本收益——中国教
　　育与人力资源问题研究》，经济科学出版社 2009 年版。

16. 宁本涛：《教育财政政策》，上海教育出版社 2010 年版。

17. 潘伟杰：《制度·制度变迁与政府规制研究》，上海三联书店
　　2005 年版。

18. 庞丽娟：《中国教育改革 30 年》，北京师范大学出版社 2009
　　年版。

19. 庞丽娟：《政府主导创新体制——我国地方学前教育改革探
　　索与政策启示》，北京师范大学出版社 2012 年版。

20. 王骚：《政策原理与政策分析》，天津大学出版社 2003 年版。

21. 王善迈：《公共财政框架下公共教育财政制度研究》，经济科
　　学出版社 2012 年版。

22. 威尔·金里卡：《当代政治哲学》，刘莘译，上海译文出版社
　　2011 年版。

23. 翁文艳：《教育公平与学校选择制度》，北京师范大学出版社
　　2003 年版。

24. 吴东民、董西明：《非营利组织管理》，中国人民大学出版社
　　2003 年版。

25. 萧宗六、贺乐凡：《中国教育行政学》，人民教育出版社 1996
　　年版。

26. 杨润勇：《地方教育政策行为研究——以县级区域为例》，教

育科学出版社 2011 年版。

27. 袁振国：《教育政策学》，江苏教育出版社 2002 年版。

28. 袁振国：《中国教育政策评论 2011》，教育科学出版社 2011 年版。

29. 詹姆斯·赫克曼：《提升人力资本投资的政策》，曾湘泉译，复旦大学出版社 2003 年版。

30. 张会恒：《我国公用事业政府规制的有效性研究》，中国科技大学出版社 2007 年版。

31. 中华人民共和国教育部国际合作与交流司：《世界 62 个国家教育概况》，首都师范大学出版社 2001 年版。

32. 中国学前教育史编写组：《中国学前教育史资料选（全一册)》，人民教育出版社 2002 年版。

二　学位论文

1. 陈玲：《学前教育财政投入的公平性研究》，硕士学位论文，浙江财经学院，2012 年。

2. 陈桔红：《我国幼儿教育财政投入问题研究》，硕士学位论文，西南交通大学，2011 年。

3. 陈小安：《准公共产品供给与定价的理论和实践研究》，硕士学位论文，西南财经大学，2002 年。

4. 陈雄：《高等教育成本和收费政策问题研究》，硕士学位论文，厦门大学，2008 年。

5. 方钧君：《基于教育券思想的政府投资幼儿教育政策研究》，博士学位论文，华东师范大学，2007 年。

6. 高庆蓬：《教育政策评估研究》，博士学位论文，东北师范大学，2008 年。

7. 韩潇筠：《公共财政视域下的陕西学前教育改革研究》，硕士学位论文，西北大学，2011 年。

8. 李海生：《教育券政策分析》，博士学位论文，华东师范大学，

2007 年。

9. 李跃：《高等教育个人成本分担现状及对策研究》，硕士学位论文，黑龙江大学，2009 年。

10. 林莉：《个人分担高等教育成本问题研究》，硕士学位论文，中国地质大学，2009 年。

11. 刘颖：《政府购买学前教育服务的政策研究：理论、国际经验与启示》，硕士学位论文，北京师范大学，2012 年。

12. 罗嘉君：《幼儿教育投资分析——以张家港为个案的研究》，硕士学位论文，南京师范大学，2007 年。

13. 蒲俊梅：《高等教育成本分担机制比较分析》，硕士学位论文，西南财经大学，2010 年。

14. 秦阿琳：《社会分层对教育消费的影响研究——一个消费社会学的分析视角》，硕士学位论文，湖南师范大学，2005 年。

15. 唐祥来：《高等教育成本分担的公共经济学分析》，博士学位论文，厦门大学，2006 年。

16. 魏欢欢：《高等教育成本分担机制探析》，硕士学位论文，辽宁师范大学，2009 年。

17. 魏宏聚：《义务教育经费投入政策失真现象研究》，博士学位论文，西南大学，2006 年。

18. 魏霞：《美国教育券对我国幼儿教育的启示》，硕士学位论文，辽宁师范大学，2011 年。

19. 巫永森：《幼儿教育券政策实施情形之调查研究——以彰化县为例》，硕士学位论文，静宜大学，2002 年。

20. 吴立武：《我国高等教育成本分担与供给机制：一种经济分析》，博士学位论文，厦门大学，2006 年。

21. 徐雨虹：《新制度经济学视角下的我国学前教育投资制度研究》，博士学位论文，华东师范大学，2007 年。

22. 杨丽琳：《我国民办高等教育政府管制问题研究》，硕士学位论文，江西财经大学，2004 年。

23. 阳桂兰：《高等教育成本分担理论与成本分担模式研究》，硕士学位论文，中南大学，2006 年。

24. 姚建根：《论我国现阶段高等教育收费制度与成本个人分担》，硕士学位论文，浙江大学，2001 年。

25. 张静：《学前教育收费问题调查与政策建议——以上海市为例》，硕士学位论文，华东师范大学，2009 年。

26. 张宇：《美国联邦政府干预学前教育的历史演进研究》，博士学位论文，东北师范大学，2010 年。

27. 赵华民：《当代美、日、中幼儿教育法规与政策的比较研究》，硕士学位论文，陕西师范大学，2000 年。

28. 周冠环：《二战后美国联邦政府学前教育投资研究》，硕士学位论文，华东师范大学，2010 年。

29. 朱金花：《教育公平：政策的视角》，博士学位论文，吉林大学，2005 年。

30. 朱琼英：《伦理学视野中高校学费政策》，硕士学位论文，华中科技大学，2007 年。

三　期刊文章

1. 柏檀、熊筱燕、王水娟：《我国学前教育财政投入问题探析》，《教育与经济》2012 年第 1 期。

2. 蔡迎旗：《国外幼儿教育财政资金的配置类型、政策及其启示》，《上海教育科研》2006 年第 9 期。

3. 蔡迎旗、冯晓霞：《政府财政投入公办幼儿园方式的选择》，《教育与经济》2008 年第 1 期。

4. 陈厚云、方明：《美国重视发展学前教育及其启示》，《学前教育研究》2001 年第 2 期。

5. 陈云凡：《OECD 十国儿童福利财政支出制度安排比较分析》，《欧洲研究》2008 年第 5 期。

6. 陈振：《OECD 国家幼儿教育投入机制对我国的启示》，《当代学前教育》2009 年第 6 期。

7. 程秀兰、陈晖等：《企办幼儿园发展的困境与出路》，《学前教育研究》2012 年第 3 期。

8. 崔慧广、田汉族：《美国 20 世纪中后期教育机会均等运动及启示》，《江西教育学院学报》（社会科学版）2005 年第 26 卷第 5 期。

9. 方芳：《我国教育捐赠制度的局限及其改进》，《教育发展研究》2010 年第 13—14 期。

10. 方钧君：《政府辅助幼儿教育责无旁贷》，《幼儿教育》（教育科学版）2006 年第 4 期。

11. 冯婧琨：《对布迪厄社会学理论中"资本"概念的解读》，《内蒙古农业大学学报》（社会科学版）2009 年第 6 期。

12. 冯晓霞：《努力促进幼儿教育的民主化》，《学前教育研究》2002 年第 2 期。

13. 傅金兰、滕聿峰：《终身教育对弱势群体的公平性补偿》，《成人教育》2004 年第 7 期。

14. 傅静：《高等教育成本补偿模式的选择》，《培正商学院学报》2004 年第 4 期。

15. 龚婷婷：《法国、美国和日本儿童福利的发展及其启示》，《教育导刊》（下半月）2010 年第 3 期。

16. 桂磊：《关于财政性学前教育经费在幼儿园之间的分配问题》，《事业发展与管理》2004 年第 3 期。

17. 何玲：《瑞典儿童福利模式及发展趋势研议》，《中国青年研究》2009 年第 2 期。

18. 胡春光：《德国学前教育面临的主要问题与改革策略》，《学前教育研究》2009 年第 8 期。

19. 劳凯声：《面临挑战的教育公益性》，《教育研究》2003 年第 2 期。

20. 李慧：《教育公平与教育效率关系再探》，《教育与经济》

2000 年第 3 期。

21. 李召存、姜勇、史亚军：《国际学前教育公共经费投入方式的比较研究》，《全球教育展望》2009 年第 11 期。

22. 厉以宁：《关于教育产业化的几个问题》，《北京成人教育》1999 年第 7 期。

23. 廖楚晖：《教育财政国内研究述评》，《经济学动态》2005 年第 3 期。

24. 刘芳明：《高等教育成本分担和我国工薪阶层家庭支付能力的研究》，《沈阳大学学报》2007 年第 19 卷第 5 期。

25. 刘鸿昌、徐建平：《从政府责任的视角看当前我国学前教育的公益性》，《学前教育研究》2011 年第 2 期。

26. 刘兰平：《民办高等教育成本分担主体的比较研究》，《高教探索》2005 年第 1 期。

27. 刘明远：《美国幼儿教育的基本走向》，《幼儿教育》2004 年第 4 期。

28. 刘焱：《英国学前教育的现行国家政策与改革》，《比较教育研究》2003 年第 9 期。

29. 刘焱：《对我国学前教育几个基本问题的探讨——兼谈我国学前教育未来发展思路》，《教育发展研究》2009 年第 8 期。

30. 刘焱、宋妍萍：《我国城市 3—6 岁儿童家庭学前教育消费支出水平调查》，《华中师范大学学报》（人文社会科学版）2013 年第 52 卷第 1 期。

31. 刘焱、宋妍萍：《幼儿园"赞助费"取消后的制度设计》，《中国教育学刊》2013 年第 2 期。

32. 刘正生：《评香港特别行政区学前教育的新拨款形式——教育券》，《比较教育研究》2008 年第 3 期。

33. 柳倩、钱雨：《国际学前教育公共投入的国家行动计划比较研究》，《全球教育展望》2009 年第 11 期。

34. 栾俪云：《国外儿童照顾与支持的价值理念和制度安排》，

《前沿》2010 年第 12 期。

35. 马佳宏、王琴：《我国学前教育成本分担问题研究》，《教育导刊》2010 年第 3 期。

36. 彭海蕾、王楠、姚国辉：《不同历史时期的中国学前教育政策初探》，《徐特立研究（长沙师范专科学校学报)》2010 年第 1 期。

37. 齐晓恬：《美、英、印三国学前教育财政投入的保障机制特点分析》，《河北师范大学学报》（教育科学版）2012 年第 6 期。

38. 秦旭芳、王默：《学前教育普惠政策的价值分析》，《教育研究》2011 年第 12 期。

39. 屈智勇、何欢等：《从企业/社区服务到国家公共服务体系：学前教育的政府责任》，《北京师范大学学报》（社会科学版）2011 年第 6 期。

40. 宋映泉：《不同类型幼儿园办学经费中地方政府分担比例及投入差异——基于 3 省 25 县的微观数据》，《教育发展研究》2011 年第 17 期。

41. 宋映泉：《民办学前教育规模占比的省际差异、政府财政投入与管制》，《北京大学教育评论》2012 年第 10 卷第 2 期。

42. 沙莉、庞丽娟：《明确学前教育性质，切实保障学前教育地位——法国免费学前教育法律研究及其对我国的启示》，《学前教育研究》2010 年第 9 期。

43. 沙莉、庞丽娟、刘小蕊：《英国学前教育立法保障政府职责的背景与特点研究》，《教育科学》2008 年第 2 期。

44. 沙莉、庞丽娟、刘小蕊：《通过立法强化政府在学前教育事业发展中的责任——美国的经验及其对我国的启示》，《学前教育研究》2007 年第 2 期。

45. 沈有禄、谯欣怡：《教育券的重要价值取向：教育公平》，《外国教育研究》2006 年第 2 期。

46. 苏林琴:《公共性:高等教育的基本属性》,《现代教育科学》2009 年第 2 期。

47. 谭友坤、卢清:《试论弱势群体的早期教育政策支持》,《内蒙古师范大学学报》(教育科学版)2006 年第 19 卷第 2 期。

48. 田景正、周芳芳:《我国地方学前教育的现有基础与发展定位——基于对 12 个省市学前教育三年行动计划文本的分析》,《学前教育研究》2012 年第 8 期。

49. 田志磊、张雪:《中国学前教育财政投入的问题与改革》,《北京师范大学学报》(社会科学版)2011 年第 5 期。

50. 童宪明:《美国、日本、韩国幼儿教育政策法规的特点及启示》,《教育导刊》2010 年第 10 期。

51. 王芳:《当前美国州立学前教育项目发展面临的挑战》,《比较教育研究》2012 年第 7 期。

52. 王海英:《坚持政府主导的内涵、原则与可能的风险》,《幼儿教育》(教育科学版)2011 年第 3 期。

53. 王海英:《"入园难"的原因和可能对策》,《幼儿教育》(教育科学版)2011 年第 9 期。

54. 王海英:《当下学前教育投入不合理的表现、原因及其均衡策略》,《幼儿教育》(教育科学版)2012 年第 1、2 期。

55. 王红、沈慧洁、王彬:《对广州市幼儿园教育成本及收费制度改革的调查分析》,《学前教育研究》2003 年第 5 期。

56. 王蓉、岳昌君、李文利:《努力构筑我国公共教育财政体制(下)》,《北京大学教育评论》2003 年第 3 期。

57. 王善安:《关于我国政府购买学前教育服务的思考》,《早期教育》(教科研版)2012 年第 2 期。

58. 王水娟、柏檀:《学前教育财政投入的效率问题与政府责任》,《教育与经济》2012 年第 3 期。

59. 王序坤:《教育成本的分担原则及其选择》,《教育发展研究》1999 年第 5 期。

60. 汪晓瑾：《"以公办幼儿园为骨干和示范，以社会力量兴办为主体"——解读我国非公办幼儿园的政策、法律支持》，《民办教育研究》2007 年第 6 卷第 5 期。

61. 韦耀波：《高等教育成本补偿主体的研究》，《继续教育研究》2005 年第 4 期。

62. 魏新、邱黎强：《中国城镇居民家庭收入及教育支出负担率研究》，《教育与经济》1998 年第 4 期。

63. 吴荔红：《学前教育的比较研究与国际借鉴——"入园难、入园贵"问题之策》，《求索》2010 年第 12 期。

64. 吴遵民：《对当前我国重大教育政策问题的若干研究与思考》，《杭州师范大学学报》（社会科学版）2010 年第 6 期。

65. 夏婧、韩小雨、庞丽娟：《推行免费学前教育，保障学前教育公益性——澳门免费学前教育政策研究》，《学前教育研究》2010 年第 9 期。

66. 夏婧、庞丽娟、沙莉：《立法促进学前教育公平：台湾地区的经验及其启示》，《教育科学》2009 年第 10 期。

67. 夏双辉：《我国学前教育成本分担和财政投入关系的问题研究》，《特立学刊》2012 年第 2 期。

68. 邢永富：《教育公益性原则略论》，《北京师范大学学报》（人文社会科学版）2001 年第 2 期。

69. 辛宏伟：《新疆幼儿教育政策发展综述》，《新疆师范大学学报》（哲学社会科学版）2008 年第 1 期。

70. 严冷、冯晓霞：《美国"普及学前教育"运动的研究与思考》，《全球教育展望》2008 年第 5 期。

71. 严奇岩：《20 年来我国对教育公益性的矛盾认识》，《南通大学学报》（教育科学版）2005 年第 4 期。

72. 杨佳：《瑞典学前教育的改革及启示》，《长江论坛》2008 年第 1 期。

73. 杨晓霞：《教育公益性的重新解读——兼论教育的公益性与

产业性关系》,《中国教育学刊》2002 年第 5 期。

74. 余海军:《从国外发展学前补偿教育项目的经验看我国农村学前教育的发展》,《河北师范大学学报》(教育科学版) 2011 年第 13 卷第 10 期。

75. 虞永平:《基本普及学前教育是未来十年学前教育发展的目标》,《幼儿教育》2010 年第 28 期。

76. 虞永平:《论政府在幼儿教育发展中的作用》,《学前教育研究》2007 年第 1 期。

77. 虞永平:《学前教育三年行动计划"重在行动"》,《人民教育》2011 年第 6 期。

78. 袁蕾:《中国高等教育基于个人差别的定价及补贴机制研究》,《教育科学》2006 年第 22 卷第 6 期。

79. 周兢、陈思、郭良菁:《国际学前教育经费投入趋势的比较研究》,《全球教育展望》2009 年第 11 期。

80. 曾晓东:《供需现状与中国幼儿教育事业发展方向》,《学前教育研究》2005 年第 1 期。

81. 曾晓东:《大学收费管制的目标》,《高等教育研究》2007 年第 28 卷第 8 期。

82. 曾晓东、范昕:《建国 60 年来我国学前教育财政制度改革研究》,《幼儿教育》(教育科学版)2009 年第 10 期。

83. 曾晓东、张丽娟:《OECD 国家早期教育与服务财政支出研究》,《比较教育研究》2007 年第 11 期。

84. 张敏杰:《德国家庭政策的回顾与探析》,《浙江学刊》2011 年第 3 期。

85. 张小萍、谭章禄:《我国高等教育学费价格机制实证分析》,《价格理论与实践》2005 年第 4 期。

86. 张晓霞:《美法两国儿童福利制度的差异比较》,《社会》2003 年第 6 期。

87. 张燕、吴英:《北京市街道幼儿园发展历程的回顾与反思》,

《学前教育研究》2006 年第 6 期。

88. 张翼：《公共财政制度下高等教育经费的筹措与成本分担机制研究》，《教育与经济》2009 年第 2 期。

89. 张雨露：《家庭—个人与社会的博弈——关于德国家庭现状及目前家庭政策的分析》，《德国研究》2007 年第 22 卷第 1 期。

90. 张曾莲：《基于准公共产品和生均幼儿培养成本的学前教育定价研究》，《中国管理信息化》2011 年第 5 期。

91. 周翠萍：《关于政府购买教育服务的制度设计》，《教学与管理》2010 年第 5 期。

92. 周翠萍：《政府购买教育服务的内涵、类型与展望》，《全球教育展望》2010 年第 8 期。

93. 周翠萍：《我国政府购买教育服务的现状与问题——基于上海市教育委托管理的分析》，《教育发展研究》2011 年第 3 期。

94. 周兢、陈思、郭良菁：《国际学前教育公共经费投入趋势的比较研究》，《全球教育展望》2009 年第 11 期。

95. 朱家雄：《当今我国学前教育事业发展面临的主要问题及政策导向（三)》，《幼儿教育》（教育科学版）2012 年第 7、8 期。

96. 朱家雄、王峥：《从教育人类学视角看学前教育的政策走向和政策制定》，《幼儿教育》（教育科学版）2006 年第 1 期。

四　英文资料

1. *Appropriation Act* 200，http：//www. opsi. gov. uk/acts/acts2003/pdf，2013 - 01 - 12.

2. Benefits and help for parents going back to work：Direct gov-Parents，http：//www. direct. gov. uk/en/Parents/Childcare/DG ＿ 4016029，2012 - 12 - 10.

3. Canada Country Note, *Early childhood Education and Care Policy*, 2004.

4. Christiane Purcal, Karen Fisher, "Affordability funding models for early childhood services", *Australian Journal of Early Childhood*, 2006, 31 (4): 49 – 58.

5. ECEC System in Japan, *Ministry of Education, Culture, Sport, Science and Technology-Japan*, http: //www. mext. go. jp/english/, 2012 – 11 – 02.

6. Gordon Cleveland, Michael Krashinsky, *Financing ECEC Services in OECD Countries*, 2003.

7. Government of India, *National Charter for Children*, 2003, http: //wcd. nic. in/nationalcharter2003. htm, 2013 – 01 – 12 .

8. Gunnarsson, L. Martin Korpi, B. and Nordenstam, U. , "Early Childhood Education and Care Policy in Sweden", Background report prepared for OECD thematic review of early childhood education and care policy, 1999.

9. *Integrated Child Development Services (India)*, http: //en. wikipedia. org/wiki, 2012 – 12 – 26.

10. John Powlay, *Child Care Affordability*, Commonwealth Department of Family and Community Services, 2000.

11. Johnstone, D. B. , "The Economics and Politics of Cost Sharing in Higher Education: Comparative Perspectives", *Economics of Education Review*, *2004*, 23 (4): 403.

12. Mr. Patrick Curran, Christine Pascal and Dr. Tony Bertram, *The OECD Thematic Review of Early Childhood Education and Care: Background Report for the United Kingdom*, Department of Education and Employment, National Childminding Association, 2000.

13. National Plan of Action for Children 2005, http: //wcd. nic. in/, 2013 – 01 – 16.

14. Nicole Bella, "Financing ECEC: An International Perspective", 7th Meeting of the OECD Network on Early Childhood Education and Care, Paris, 2010.

15. OECD, *Education at a Glance 2007*, 2007.

16. OECD, *Education at a Glance 2010*, 2010.

17. OECD, *Starting Strong II: Early Childhood Education and Care*, 2006.

18. OECD Country Note, *Early Childhood Education and Care Policy in the United States of America*, 2000.

19. OECD Country Note, *Early Childhood Education and Care Policy in Australia*, 2001.

20. OECD Country Note, *Early Childhood Education and Care Policy in Denmark*, 2001.

21. OECD Country Note, *Early Childhood Education and Care Policy in Finland*, 2001.

22. OECD Country Note, *Early Childhood Education and Care Policy in France*, 2004.

23. OECD Country Note, *Early Childhood Education and Care Policy in Italy*, 2001.

24. OECD Country Note, *Early Childhood Education and Care Policy in the United Kingdom*, 2000.

25. OECD Country Note, *Early Childhood Education and Care Policy in the Republic of Korea*, 2004.

26. P. A. Samuelson, "The pure theory of public expenditures", *Review of Economics and Statistics*, 1954, (11): 87 - 396.

27. Raden A., "Universal Access to Prekindergarten: A Georgia Case Study", *Early Childhood Programs for a New Century*, Child Welfare League of Amer, 2003: 71 - 113.

28. *School Readiness Act*. http://thomas.loc.gov/cgi-bin/query/,

2013 – 01 – 10.

29. Sheila B. Kamerman, "Shirley Gatenio-Gabel. Early Childhood Education and Care in the United States: An Overview of the Current Policy Picture", *International Journal of Child Care and Education Policy*, 2007, 1 (1): 23 – 34.

30. The Child Care and Development Block Grant: Background and Funding, http://www. acf. hhs. gov/programs/ccb, 2012 – 10 – 16 .

31. The Economist Intelligence Unit, *Starting well: Benchmarking early education across the world*, http://www. lienfoundation. org/pdf/publications, 2012 – 06 – 26.

32. The National Institute for Early Education Resarch, The State of Preschool 2010, http://nieer. org/publications/state-preschool – 2010, 2012 – 10 – 16.

33. The U. S. Department of Education, Naomi Karp, *Early Childhood Education and Care Policy in the United States of America*, http://www. oecd. org/edu/earlychildhood. 2001 – 12 – 14, 2013 – 01 – 10 .

34. Warner M. E. , Gradus R. , "The Consequences of Implementing a Child Care Voucher Scheme: Evidence from Australia, the Netherlands and the USA", *Social Policy & Administration*, 2011, 45 (5): 569 – 592.

35. Wikipedia, ABC Learning, http://en. wikipedia. org/wiki/ABC _ Learning.

附　　录

附录 1　幼儿园经费调查表

幼儿园名称		幼儿园等级	
幼儿园所在地			
主办单位			
办园类型	A. 教育部门办园　B. 机关及事业单位办园　C. 企业办园 D. 街道办园　E. 民办园　F. 村办园　G. 小学附设园		
幼儿园经费来源	A. 全额拨款　B. 差额拨款　C. 自收自支　D. 其他		
幼儿每天在园时间	（　　）小时		
幼儿园班级数	共（　　）个班 其中，大班（　　）个；中班（　　）个；小班（　　）个；其他 _____（　　）个		
幼儿数	全园幼儿（　　）人		
教职工数	总数（　　）人。 园长（　　）人，其中，在编（　　）人，非在编（　　）人； 专任教师（　　）人，其中，在编（　　）人，非在编（　　）人； 保育员（　　）人，其中，在编（　　）人，非在编（　　）人； 其他行政后勤人员（　　）人，其中，在编（　　）人，非在编 （　　）人。		

幼儿园名称		幼儿园等级	
教师学历与教师资格	学历：初中及以下（　）人；高中（　）人；中师（　）人；大专（　）人；本科及以上（　）人。 拥有教师资格证（　）人		
人员经费	上一财务年度全年人员经费（含工资、保险和各项福利支出）总数为_____万元（保留小数点后2位）。其中（填写平均水平）： 在编教师：月工资_____元，全年奖金_____元，全年福利_____元， 非在编教师：月工资_____元，年奖金_____元，年福利_____元， 在编保育员：月工资_____元，年奖金_____元，年福利_____元， 非在编保育员：月工资_____元，年奖金_____元，年福利_____元		
教职工工资来源	A. 全部由财政拨款； B. 在编教师由财政拨款，聘任教师由幼儿园负担； C. 全部由幼儿园负担； D. 其他_____		
每年上级财政拨款	A. 有　B. 无 如果有，全年拨款总额为_____万元（保留小数点后2位）； 拨款项目为：_____		
幼儿园收费	保教费、管理费等：平均每生每月_____元； 伙食费：平均每生每月_____元，每日为幼儿提供（　）次正餐（　）次点心； 每年家长缴费总额：_____万元（保留小数点后2位）		
22. 有无其他收入	A. 有，是_____收入，每年大约（　）万元；B. 无		

附录2　我国3—6岁儿童家庭的幼儿教育消费支出水平调查

尊敬的家长：您好！

"入园难、入园贵"已经成为全社会普遍关注的问题。本课题组正在进行有关"我国3—6岁儿童家庭的幼儿教育消费支出水平调查"，我们将广泛收集广大家长的意见和建议，为政府制定相关政策提供决策依据。我们衷心希望本研究能够获得您的支持，希望您在百忙之中认真填写本问卷。本问卷为无记名问卷。

衷心感谢您的合作！

北京师范大学课题组

一　您的基本情况（请在符合您的情况的选项上打　√）

1. 您是孩子的父亲/母亲

您的年龄：（　　）；您爱人的年龄：（　　）

A. 19岁以下（包括19岁）　　B. 20—29岁　C. 30—39岁　D. 40—49岁　E. 50岁以上

2. 您的学历：（　　）；您爱人的学历：（　　）

A. 初中及以下　B. 高中（中专、技校）　　C. 专科　D. 本科及以上

3. 您的职业：（　　）；您爱人的职业：（　　）

A. 工人　B. 农业劳动者　C. 办事人员　D. 国家机关及企事业单位干部　E. 个体工商户　F. 私企经理人员　G. 企业主　H. 商业服务业员工　I. 军人　J. 专业技术人员（如医生、工程师、律师）　K. 教师　L. 其他

4. 家庭人口数（自填）：（　　）；家庭子女数：（　　）

5. 家庭月收入：（　　）

A. 1000 元以下　　B. 1000—3000 元　　C. 3000—5000 元

D. 5000—8000 元　　E. 8000—10000 元　　F. 10000—15000 元

G. 15000—20000 元　　H. 20000 元以上

二　您的孩子所在幼儿园的基本情况

1. 孩子性别：（　　）出生年月：（　　）

2. 户籍类型：A. 城镇户口　B. 农村户口

3. 户口所在地：（　　）居住地：（　　）

4. 您的孩子接受过几年学前教育？（　　）

A. 一年　B. 二年　C. 三年　D. 没有接受过　E. 其他

5. 您孩子所在的幼儿园的班级（　　）

A. 中班　B. 大班　C. 小班　D. 学前班

6. 您孩子所在的幼儿园属于（　　）

A. 教育部门办园　B. 机关及企事业单位办园　C. 街道办园　D. 民办园　E. 村办园　F. 小学附设园　G. 小学附设学前班　H. 其他

7. 你每月需为孩子上幼儿园交纳多少费用？占家庭月收入的多大比例？（请填下表）

每月投入金额（单位：元）		占家庭月收入的比例
幼儿园管理费、保育费、杂费		
孩子在幼儿园的学习用品费		
孩子在幼儿园的伙食费		
幼儿园的其他费用		
捐资助学费（一次性交纳的费用，按照一年 12 个月平均到每个月中）		

8. 以您当前的家庭收入情况，您认为当前幼儿园的收费是您（ ）

A. 完全能承担　B. 勉强承担　C. 承受不了，难以应付
D. 再提高一点也能承受

9. 您可接受的幼儿园的收费是每月（ ）元。

10. 在条件允许的情况下，您是否愿支付更多的费用以便让孩子上更好的幼儿园？

A. 是　B. 否

11. 您认为让孩子上幼儿园的主要目的是什么？（可多选）

A. 培养孩子各方面的能力　B. 别的孩子都上，我的孩子不能不上　C. 为入小学做准备　D. 其他

12.（1）如果您家中有专人照看孩子，您是否会选择送孩子上幼儿园？

A. 是　B. 否

（2）如果您的选择是 B，您选择的主要原因是：

A. 孩子自理能力差，在幼儿园受罪

B. 花费的钱太多，家庭经济难以负担

C. 幼儿园的教育质量不够好

D. 幼儿在家发展更好

三　家庭教育和消费

除幼儿园/学前班以外，您每月在孩子的生活和教育上大概需要花费多少？在家庭收入中所占的比例是多少？（请填下表）

每月投入金额（单位：元）		占家庭月收入的比例
在家的伙食费		
购买零食		
购买衣物		
购买玩具、图书、音像制品等		
上兴趣班、请家教		
带孩子出游（例如去游乐园、公园、郊游、旅游等）		
文化体育活动（例如去听音乐会、看演出等）		
给孩子零花钱		
为孩子上幼儿园而租房		
其他		

后　　记

　　多少次想过在完成博士论文的时候要深深感谢所有关心、帮助我的老师、家人、朋友和同学，在即将完成博士论文的那一刻，突然发现，似乎言语已经无法准确表达这份感激，感恩之情早已深深扎根于心底最柔软的地方，不会轻易提及但却会终生铭记。三年里，是他们给了我力量和勇气，才让我有机会在这里诉说感谢。

　　导师刘焱教授严谨的治学态度和坚持不懈的学术追求一直深深地感动和鼓舞着我，老师为了修改论文而忙碌到凌晨的身影清晰地浮现在眼前，她一遍遍耐心的讲解使我在论文写作的困惑中一次次重新找到方向。论文开题时冯晓霞老师、曾晓东老师、刘占兰老师和储朝晖老师为完善我的毕业论文而提出的建议令我受益匪浅。家人的支持始终是我最强有力的精神支撑。虽然曾经觉得自己的压力在很大程度上来自家人，但是也终于明白，压力与动力的来源是一致的，有多大的压力就会产生多大的动力。这三年我成长了很多，已经不再是那个一有困难就想要退缩的小女生了，我逐渐学会了要积极地面对生活给予的所有，学会去珍惜生命中遇到的所有人和事。随着年龄的增长，不知从什么时候开始，不想再将消极的情绪告诉家人，而更愿意和朋友聊一聊。三年里，每当我情绪低落的时候，就会联系我最信任的朋友们，而她们也总能一语中的地点醒我的困惑，她们成为了我另一个值得信赖的精神港湾。同学三年，这份友情已经逐渐演变为了革命情谊，大家为着共同的目标而互相鼓励、携手奋斗。都说同学情是一生不变的，无论是有关人生的探讨、学术观点的争辩还是感情的相互慰藉，所有点滴都将随着时间而历久弥新。很幸运一路上有各位老师、家人、朋友和同学们的陪伴。

毕业后静静地回想三年的博士生活，有过心酸与泪水，也伴随着欢笑与憧憬，学会了更加感恩、更加惜福。在郑州师范学院工作的这段时间，很感谢学院领导的关心和帮助，也很感谢中国社会科学出版社给予我这样的机会将博士论文出版成书。书中还有需要进一步完善的地方，相信它会成为我今后从事工作和科研的起点，激励我不断挑战自我、锲而不舍地追求学问，在学前教育领域阔步前行。

2014 年 3 月